von Göthe.
Ein Veilchen auf der Wiese stand, gebückt in sich und

Wolfgang Amadeus

Mozart

Ein Genie verzaubert die Welt

WOLFGANG AMADEUS MOZART

Redaktion: Waltraud Still
Konzeption: Album Verlag, Berlin
Grafische Gestaltung: Zembsch' Werkstatt, München
Schutzumschlag: Rincón Partners, Köln
Herstellung: Jürgen Bischoff
Satzarbeiten: Blöser Fotosatz, Köln
Reproarbeiten: Paul Pfau GmbH & Co.KG, Mülheim/Ruhr
Gesamtherstellung: Naumann & Göbel Verlagsgesellschaft, Köln

ISBN 3-625-10450-4

Sämtliche Bildvorlagen wurden vom Archiv für Kunst und Geschichte, Berlin, zur Verfügung gestellt.

Wolfgang Amadeus Mozart

Ein Genie verzaubert die Welt

Annette Godefroid

NAUMANN & GÖBEL

Inhalt

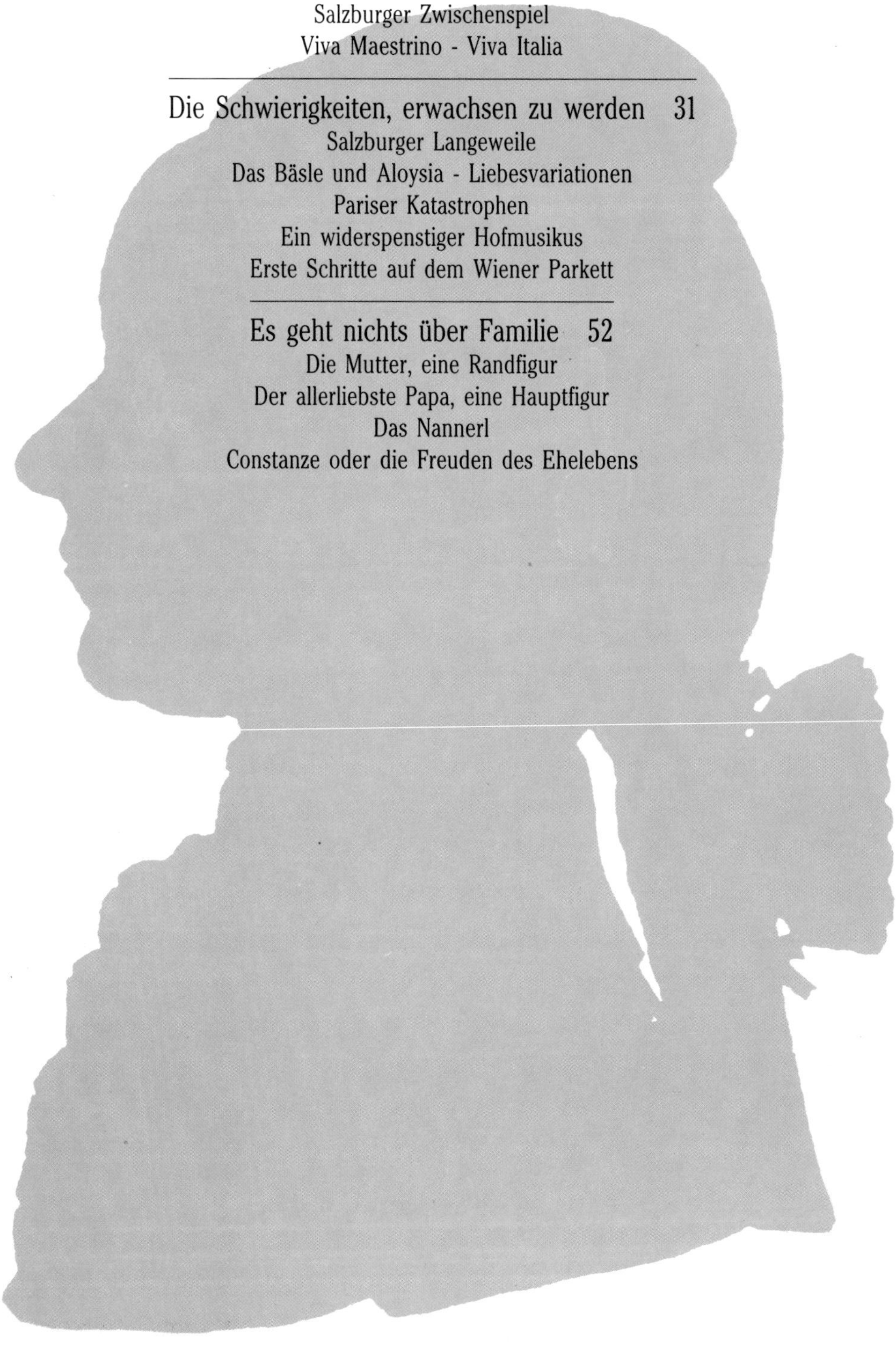

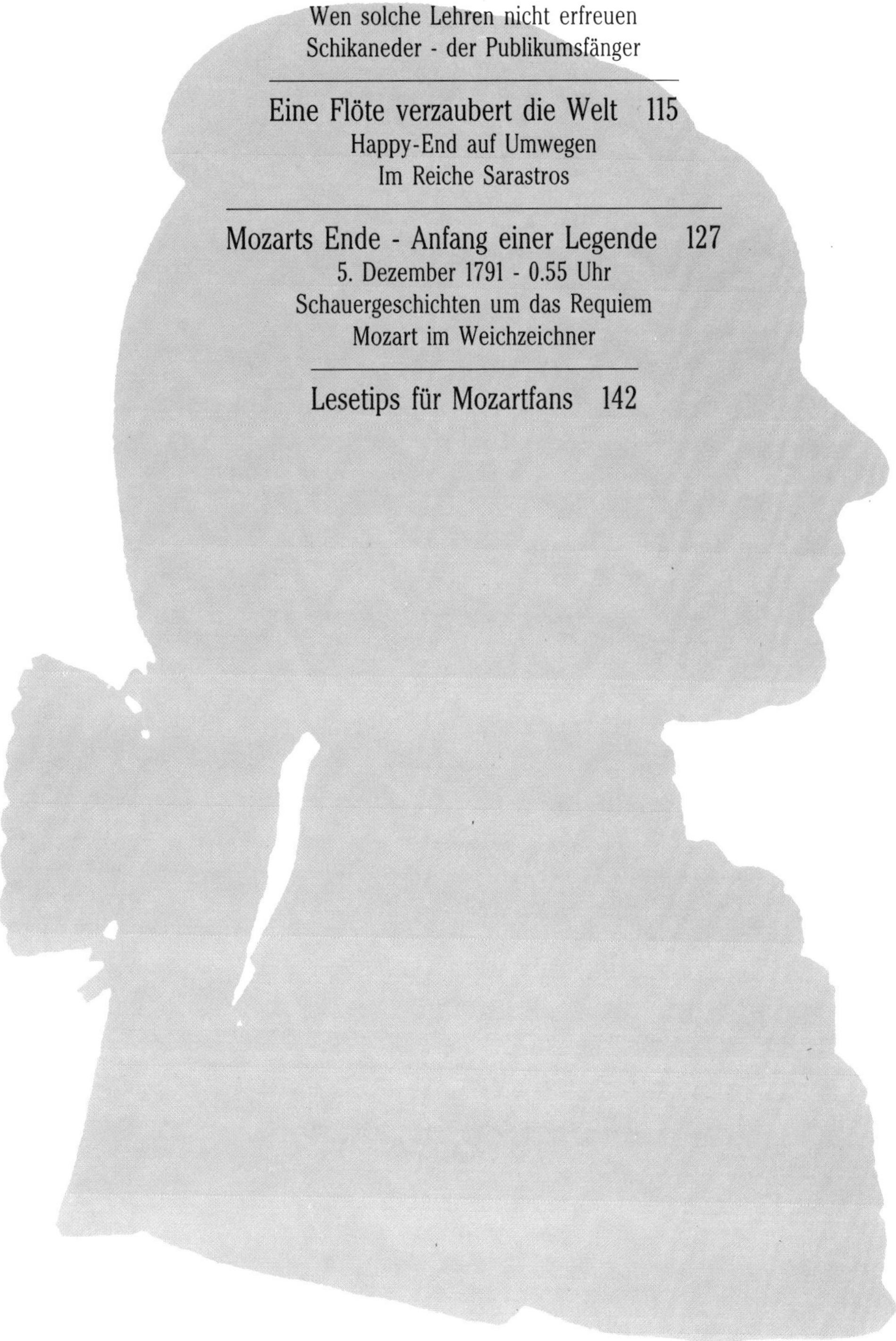

Mozart bleibt Mozart

Mozart ist nicht zu ersetzen. Es gibt und wird immer Meister der Musik geben, aber einen Meister über alle Meister hervorzubringen - dazu braucht die Natur Jahrhunderte... Alles, was er schrieb, trägt den deutlichen Stempel der klassischen Schönheit. Deshalb behagte er jedesmal noch mehr, weil die eine Schönheit sich aus der anderen entwickelte, deshalb wird er auch ewig behagen, da er immer neu erscheinen wird.

Die »Prager Oberpostamtszeitung« sollte mit ihrem am 17. Dezember 1791 erschienenen Nachruf auf Mozart recht behalten: Mozarts unsterbliches Genie verzaubert die Welt heute wie vor zweihundert Jahren und übt eine ungebrochene Faszination auf seine Zuhörer aus.
Die Musikgeschichte des 19. und 20. Jahrhunderts wäre nicht ohne Mozart denkbar, denn seine eigenwillige Verschmelzung traditioneller Formen mit seiner individuellen - einzigartig gebliebenen - Musiksprache schuf ein Fundament, auf dem künftige Musikergenerationen aufbauten.

Faszinierend wie seine Musik ist der Lebensweg dieses Komponisten. Schon von klein auf zum Wunderkind erzogen, erlebte er in seiner Kindheit Triumphe, die nur wenigen erwachsenen Musikern zuteil wurden. Von Erfolgen verwöhnt, mußte er als junger Mann erfahren, daß der Beifall für ein Wunderkind und die Anerkennung für einen Komponisten zweierlei sind. Es galt, sich in der Musikwelt einen neuen Platz zu erkämpfen, was ihm auch gelang. Zunächst wieder für mehrere Jahre Publikumsliebling und vielbeschäftigter Musiker in seiner Wahlheimat Wien, waren die letzten Jahre seines kurzen Lebens überschattet von der fehlenden Bereitschaft der Wiener, ihm auf dem Wege seiner immer ausgereifteren, aus den Konventionen fallenden musikalischen Entwicklung zu folgen.

Spätestens seit dem Film »Amadeus« ist auch der Mensch Mozart durch die dargestellte Kopplung des Banalen mit dem Genialen verstärkt ins Blickfeld gerückt; eine Dualität, die im 19. Jahrhundert aus falsch verstandener Rücksicht auf das »Genie Mozart« und aus zeitbedingter Prüderie von der Mozartforschung und Mozartliteratur unterdrückt worden war, wie alles, was einen Schatten auf das idealisierte Bild dieses großen Künstlers hätte werfen können.
Das 20. Jahrhundert sieht ihn wesentlich vielschichtiger und zwiespältiger, wozu auch die Veröffentlichung vieler Dokumente zu seinem Leben beigetragen haben dürfte. Trotz vieler Versuche läßt sich weder der Künstler noch der Mensch Mozart in ein gängiges Klischee - sei es »Donnerblitzbub« oder »verkanntes Genie«, »Fürstenknecht« oder »freischaffender Künstler« - zwängen. Von allem findet sich etwas, aber auch viele andere Wesenszüge, die zu immer neuen Interpretationen anregen.

Eine Kindheit auf Reisen

Das Wolferl als Sechsjähriger in dem aus Wien mitgebrachten Galadress.

Die ersten sechs Jahre seines Lebens verlebte Wolfgang Amadeus Mozart in seiner Geburtsstadt Salzburg, seinen 6. Geburtstag feierte er bereits auf Tournee. Zwischen seinem 7. und 18. Lebensjahr verbrachte Mozart als Reisender in Sachen Musik knapp 3000 Tage, also rund 7 1/4 Jahre, in schlecht gefederten Kutschen, in mehr oder weniger feudalen Unterkünften, in fremden Städten und Ländern, reiste durch Deutschland, Österreich, Frankreich, England, die Niederlande, die Schweiz und Italien, versetzte, sobald er sich musikalisch produzierte, sein Publikum in Erstaunen, bezauberte mit seinem spitzbübischen Charme die Damenwelt, parlierte mit Kaiserinnen und Königinnen, kehrte siebenmal für einige Monate zurück in seine Heimatstadt und blieb dennoch weitgehend ein normales Kind, das bei aller Belastung und Anstrengung die ihm gezeigte Welt wach und aufgeschlossen mit offenen Augen - und Ohren - in sich aufnahm.

Die ersten sechs Jahre

Ersten Kontakt mit dieser Welt nahm Wolfgang am 27. Januar 1756 gegen acht Uhr abends auf, als er in der elterlichen 3-Zimmerwohnung in der Getreidegasse Nr. 9 im III. Stock geboren wurde. Allzu großes Aufheben machte man von dem Familienzuwachs zunächst nicht: Fast beiläufig erwähnt der Vater in einem Brief an einen Augsburger Freund neben geschäftlichen Mitteilungen die Geburt dieses Sohnes, der gleich am nächsten Morgen im Salzburger Dom auf den Namen Johannes Chrisostomus Wolfgang Gottlieb getauft wurde. Der Säugling machte einen recht kümmerlichen Eindruck - äußerlich klein und unscheinbar sollte Mozart zeit seines Lebens bleiben - und die Familie hegte keine großen Hoffnungen, daß ausgerechnet dieses schwächliche Kind, nachdem von seinen sechs Geschwistern fünf früh verstorben waren, überleben würde. Aber schon damals erwies sich Wolfgang als recht eigensinnig: Er entwickelte sich zu einem quirligen Kerlchen, das - von Vater, Mutter und der fünf Jahre älteren Schwester Nannerl geliebt und verwöhnt - die Familie auf Trab hielt.

Bis zu seinem vierten Lebensjahr scheint Wolfgang das Leben eines normalen aufgeweckten Kleinkindes geführt zu haben, dann wurde der Vater hellhörig: Der Drang zur Musik war bei dem dreijährigen Burschen unüberseh- und unüberhörbar. Sobald er Musik hörte, war alles andere für ihn tot, und am liebsten sollten auch seine Spiele von Musik begleitet sein. Über Mangel an Musik konnte sich Wolfgang nicht beklagen, denn sie gehörte zum Alltag der Familie. Vater Leopold war Vice-Kapellmeister des fürsterzbischöflichen Hoforchesters und selbst Violinspieler, Hausmusiken mit seinen Kollegen und Freunden gehörten häufig zum abendlichen Unterhaltungsprogramm, und Nannerl bekam schon frühzeitig vom Vater Klavierunterricht erteilt. Als Wolferl anfing, sich auf dem Klavier die verschiedensten Akkorde zusammenzusuchen, begann der Vater, auch dem Vierjährigen Klavierunterricht zu geben.

In der Getreidegasse Nr. 9, wo Mozart am 27. Januar 1756 geboren wurde, hatten seine Eltern eine 3-Zimmerwohnung im III. Stock gemietet. Das Haus gehörte einem engen Freund der Familie, dem Salzburger Kaufmann Lorenz Hagenauer, der im Erdgeschoß einen Laden für Spezereien unterhielt.

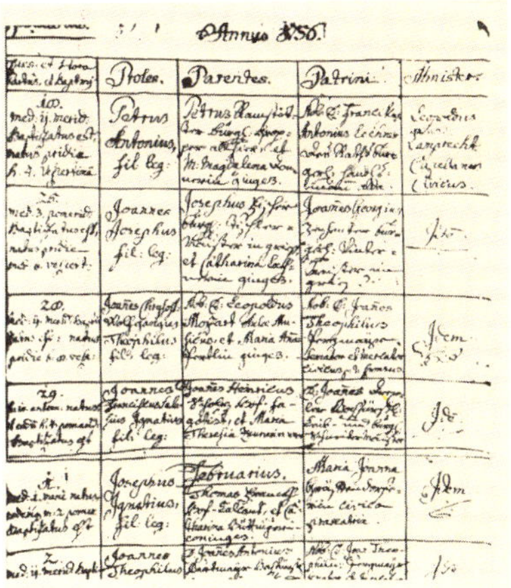

Annus 1756

	Proles.	Parentes.	Patrini.	Minister

Im Dom St. Rupert wurde der neue Familienzuwachs einen Tag nach seiner Geburt auf den Namen Johannes Chrysostomus Wolfgangus Theophilus getauft. Theophil = Gottlieb sollte in der latinisierten Form Amadeus zu einem Mozartschen Erkennungszeichen werden, obwohl Mozart selbst die lateinische Version nicht verwandte, sondern nur hin und wieder die französische Variante Amadé.

Hat der Wolfgangerl im 4. Jahr gelernet, notierte der stolze Vater die raschen Fortschritte seines Jüngsten in das Klavierbücherl, das er für Nannerl angelegt hatte. Klavierspielen allein reichte dem Fünfjährigen jedoch nicht, er wollte auch komponieren, und so zeichnete Vater Leopold für ihn in dem besagten Büchlein ein Andante und ein Allegro für Klavier auf mit dem Kommentar: *Des Wolfgangerl Compositiones in den ersten 3 Monaten nach seinem 5ten Jahr.* Diese beiden zwischen Februar und April 1761 entstandenen Kompositionen wurden dann folgerichtig in dem von Ritter Ludwig von Köchel 1862 veröffentlichten »Chronologisch-thematisches Verzeichnis sämtlicher Tonwerke W.A.Mozarts« als Nr.1 aufgeführt. Dem 1761 komponierten KV 1 sollten bis 1791 noch 625 weitere Nummern folgen.

»Der Knabe zeugte gleich sein von Gott ihm zugeworfenes außerordentliches Talent. Er unterhielt sich oft lange Zeit bei dem Klavier mit Zusammensuchen der Terzen, welche er immer anstimmte, und sein Wohlgefallen verriet, daß es wohlklang«, berichtet Schwester Nannerl aus der Kindheit ihres berühmten Bruders.

Der Sechsjährige versetzte die Familie und den Hoftrompeter Johann Andreas Schachtner, - der diese Episode 1792 für Nannerl aufzeichnete -, in basses Erstaunen, als er bei einer Hausmusik plötzlich bat, die zweite Violine spielen zu dürfen. *Der Vater verwies aber seine närrische Bitte, weil er noch nicht die geringste Anweisung an der Violin hatte und Papa glaubte, daß er nicht das mindeste zu leisten im Stand wäre. Wolfgang sagte, um ein 2tes Violin zu spielen, braucht er es ja wohl nicht erst gelernt zu haben, und als Papa darauf bestand, daß er gleich fortgehen und uns nicht weiter beunruhigen sollte, fing Wolfgang an, bitterlich zu weinen, und trollte sich mit seinem Geigerl weg. Ich bat, daß man ihn mit mir möchte spielen lassen, endlich sagte Papa, geig mit Herrn Schachtner, aber so still, daß man dich nicht hört, sonst mußt du fort, das geschah. Wolfgang geigte mit mir, bald bemerkte ich mit Erstaunen, daß ich da ganz überflüssig sei, ich legte still meine Geige weg und sah ihren Herrn Papa an, dem bei dieser Szene die Tränen der Bewunderung und des Trostes über die Wangen rollten.*

Eines Abends begleitete ein Freund der Familie Vater Mozart nach Haus. Die beiden trafen den vierjährigen Wolfgang emsig beim Schreiben an: »Papa: „Was machst du?" Wolfgang: „Ein Konzert fürs Klavier, der erste Teil ist bald fertig." Papa: „Laß sehen!" Wolfgang: „ist noch nicht fertig." Papa: „laß sehen, das muß was Sauberes seyn". Der Papa nahms ihm weg und zeigte mir ein Geschmiere von Noten«. Zunächst lachten die beiden Herren herzhaft über Wolfgangs Kompositionsversuch, der beinahe mehr Tintenkleckse als Noten aufwies, dann sahen sie aber gründlicher hin und stellten zu ihrem großen Erstaunen fest, daß »alles richtig und regelmäßig gesetzt ist, nur ists nicht zu brauchen, weil es so außerordentlich schwer ist, daß es kein Mensch zu spielen im Stande wäre. Der Wolferl fiel ein: „drum ists ein Konzert, man muß so lange üben, bis man es treffen kann."«

Die ungewöhnliche musikalische Begabung seiner Kinder erkennend, denn auch Nannerl erwies sich als begabte Pianistin, legte der Vater seinen ganzen Ehrgeiz in deren Ausbildung unter Aufgabe seiner eigenen Karriere als Musiker und Komponist. So verhätschelt das Nesthäkchen Wolferl wurde, intensives Lernen und Üben gehörten seit seinem vierten Lebensjahr zum täglichen Pensum, und der Vater achtete mit eiserner Disziplin darauf, daß dies auch eingehalten wurde.

In Wien genossen die Kinder auf den vielen Gesellschaften, wo sie auftraten, Narrenfreiheit. »Alle Dames sind in meinen Buben verliebt«, und »die Kinder sind lustig, und überall so, als wären sie zu Hause. Der Bub ist mit allen Leuten

... so vertraulich, als wenn er sie schon seine Lebenszeit hindurch gekannt hätte.«

Schoßkind der Kaiserin

Anfang 1762 war Nannerls und Wolfgangs Ausbildung so weit fortgeschritten, daß der Vater beschloß, mit ihnen auf Tournee zu gehen. Nach einem kurzen dreiwöchigen Münchner Gastspiel im Januar, auf dem die Publikumswirksamkeit der Kinder erfolgreich getestet wurde, reiste die ganze Familie - der Vater als Manager, die Mutter als Betreuerin und die Kinder als Markenartikel - im September 1762 nach Wien, einer der bedeutendsten Kulturmetropolen der damaligen Zeit. Als Mittel gegen langweilige Abende waren die Salzburger Wunderkinder schnell eine begehrte Erscheinung in den Salons des Wiener Adels. Den Zuschauern und Zuhörern ging es dabei weniger um musikalische Erbauung, sondern um handfeste Unterhaltung, dementsprechend erinnern die Auftritte der Kinder eher an ein Varietéprogramm als an ein Konzert. Neben dem virtuosen Klavierspiel standen auf dem Programm: mit verbundenen Augen oder mit verdeckter Tastatur zu spielen, Töne auf Zuruf richtig zu benennen, zu vorgelegten Melodien aus dem Stegreif eine angenehme Begleitung zu spielen, unbekannte Stücke nach einmaligem Hören korrekt wiederzugeben und Variationen dazu zu erfinden, Stücke größten Schwierigkeitsgrades vom Blatt zu spielen und anderes mehr.

Bereits auf der Hinreise nach Wien erregte Mozart überall Aufsehen und begeisterte die Menschen mit seinem kindlichen Charme. Bei der »Schanzelmaut« - der Paßkontrolle vor den Toren Wiens - wurden die Mozarts schnell abgefertigt und von weiteren Kontrollen befreit. »Daran war auch unser Herr Wolferl schuld«, der den Zöllner mit einem kleinen Menuett auf seiner Geige so bezauberte, daß er die Familie passieren ließ.

Am 13. Oktober 1762 waren die Mozarts nach Schönbrunn zu Maria Theresia geladen, die sich zusammen mit einem großen Teil ihrer umfangreichen Kernfamilie königlich über den kleinen Mozart amüsierte. » Nun läßt die Zeit mehr nicht zu in der Eil zu sagen, als daß wir von den Majestäten so außerordentlich gnädig aufgenommen worden, daß, wenn ich es erzählen werde, man es für eine Fabel halten wird. Genug! Der Wolferl ist der Kaiserin auf den Schoß gesprungen, sie um den Hals bekommen und rechtschaffend abgeküsst«.

Bereits eine Woche nach ihrer Ankunft gastierten die Kinder auch vor der kaiserlichen Familie in Schönbrunn. Leopold Mozart, ein fleißiger Briefeschreiber, der ganz Salzburg über seine grandiosen Reisen auf dem laufenden hielt, berichtete mit stolzgeschwellter Brust, daß sich die Majestäten für seine Kinder einen ganzen Nachmittag Zeit nahmen. Er selbst kam auch nicht zu kurz, denn der Kaiser, dem Leopolds musikpädagogische Fähigkeiten zu Ohren gekommen waren, forderte ihn auf, das Violinspiel der Kronprinzessin zu beurteilen. Zur Erinnerung an den vergnüglichen Nachmittag ließ Kaiserin Maria Theresia den Kindern zwei Kleider überbringen. Das Präsent für Wolferl, ein abgelegter »Dress« des Prinzen Maximilian, wurde getreulich mit Wolfgang zusammen in Salzburg auf der Leinwand für die Nachwelt festgehalten, Nannerls weißes Taftkleid aus dem Fundus einer Prinzessin paßte nicht so recht und wurde zu einem Unterrock umgearbeitet. Den Vater dürften noch mehr als die Textilien die 450 Gulden beglückt haben, die ihm der kaiserliche Zahlmeister übergab, verbunden mit der Aufforderung, sich bald wieder in Schönbrunn blicken zu lassen, was die Mozarts auch taten.

Wunderkinder – eine gern gesehene Attraktion an königlichen Höfen

Den Jahreswechsel 1763/64 verbrachten die Mozarts in Versailles, wo sie nicht nur vor Ludwig XV. und seiner Familie auftraten, sondern auch bei der offiziell anerkannten Maitresse des Königs, Madame Pompadour, vorsprachen.

Anfang Januar wieder daheim, gönnte der Vater seiner Familie eine fünfmonatige Verschnaufpause, bevor sie alle, ermutigt durch die sensationellen Erfolge in Wien, im Sommer 1763 zu einer Tournee durch Westeuropa aufbrachen. Über München, Augsburg und Schwetzingen ging es den Rhein entlang weiter über Mainz, Frankfurt, Koblenz, Aachen, Brüssel - wo die Kinder überall Konzerte gaben - nach Paris. Eines der fünf Frankfurter Konzerte der Mozartkinder sah und hörte der damals 14jährige Johann Wolfgang Goethe, der sich noch 1830 deutlich *des kleinen Mannes in seiner Frisur und Degen* erinnern konnte.

Was auch immer Leopold mit dieser Reise bezweckt haben mag, auf alle Fälle nutzte er sie auch weidlich, um den Bildungshorizont seiner Kinder zu erweitern. Es gab kaum eine touristische Attraktion - vom Heidelberger Faß bis zum Zebra im Londoner Zoo, von Kirchen und Schlössern ganz zu schweigen -, die nicht in das Besichtigungsprogramm aufgenommen wurde.

Finanziert wurde das ganze Unternehmen durch die Einkünfte, die die Kinder mit ihren Auftritten einspielten. Ein wichtiger Posten neben den öffentlichen Konzerten, für die jeder Zuhörer seinen Obulus zu entrichten hatte, waren die Akademien beim Adel und an den fürstlichen Höfen, wobei die Höhe der zu erwartenden Entlohnung von Gunst und Geldbeutel der jeweiligen Herrschaften abhing. So beklagte sich Leopold sarkastisch anläßlich des Auftrittes der Kinder in Aachen vor Amalie von Preußen:
Wenn die Küsse, so sie meinen Kindern, sonderheitlich dem Meister Wolfgang gegeben, lauter neue Louisdor wären, so wären wir glücklich genug, allein weder der Wirt noch der Postmeister lassen sich mit Küssen abfertigen.

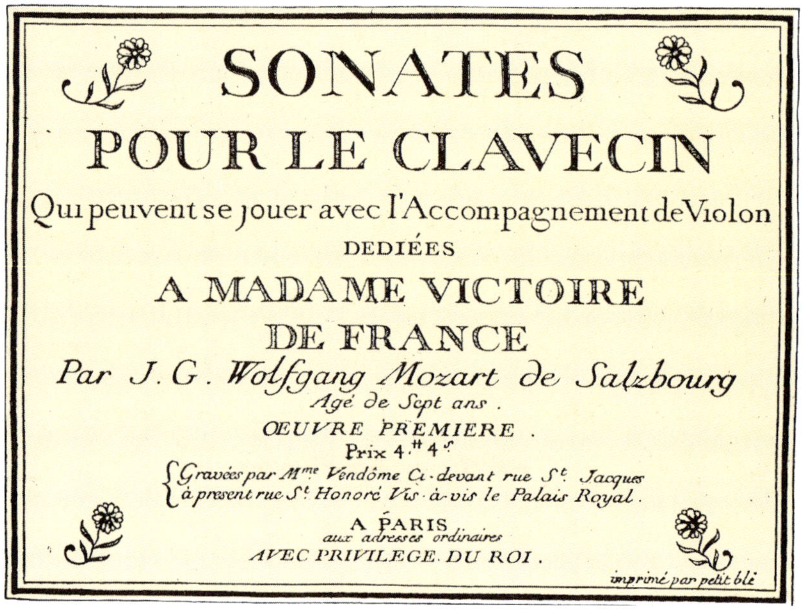
SONATES
POUR LE CLAVECIN
Qui peuvent se jouer avec l'Accompagnement de Violon
DEDIÉES
A MADAME VICTOIRE
DE FRANCE
Par J. G. Wolfgang Mozart de Salzbourg
Agé de Sept ans.
OEUVRE PREMIERE.
Prix 4.# 4.s
Gravées par Mme Vendôme Ci-devant rue St. Jacques
à present rue St. Honoré Vis-à-vis le Palais Royal.
A PARIS
aux adresses ordinaires
AVEC PRIVILEGE. DU ROI.
imprimé par petit blé

In Paris erschienen 1764 die ersten gedruckten Sonaten »von J.G. Wolfgang Mozart aus Salzburg, sieben Jahre alt«, Madame Victoire de France, der zweiten Tochter Ludwigs XV., gewidmet.

Durch die Vermittlung von Baron Grimm, dem Herausgeber der »Correspondance littéraire«, die von allen Höfen Europas gelesen wurde, wurden die Mozarts zum Jahreswechsel 1763/64 in Versailles von Ludwig XV. und seiner Familie empfangen. Besonders die königlichen Töchter waren von dem Wunderkind höchst angetan. Sie ließen es sich nicht nehmen, den kleinen Burschen herzhaft abzuküssen, und die Königin stellte ihn - wie Leopold als besondere Ehre vermerkte - bei der öffentlichen Festtafel zu Neujahr neben sich, um ihn mit ausgewählten Leckerbissen zu verwöhnen.

Fünf Monate blieben die Mozarts in Paris, dann ging es weiter nach London, wo die Familie am 23. April 1764 eintraf, nachdem es bei der Fahrt über den Ärmelkanal nicht ohne die üblichen Auswirkungen einer Seereise abgegangen war. Bereits vier Tage nach ihrer Ankunft wurden die Kinder in Begleitung ihrer Eltern von King Georg III. und der aus Mecklenburg stammenden Queen Charlotte in den Buckingham-Palast eingeladen, eine Visite, die beiden Seiten viel Spaß bereitete. Bei ihrem zweiten Besuch bei »Königs« lernte Wolfgang den in der damaligen Londoner Musikszene tonangebenden Johann Christian Bach, den jüngsten Sohn des Thomaskantors, kennen. Bach setzte sich ans Klavier, nahm den kleinen Wolfgang zwischen die Knie, und beide begannen so zu musizieren, daß keiner, der nicht hinguckte, unterscheiden konnte, wer gerade spielte, der berühmte Musiker oder das berühmte Wunderkind.

Die Pompadour wollte nicht recht glauben, daß dieses Wunder wirklich noch ein Kind sei, und ließ Wolfgang zur genaueren Begutachtung auf einen Tisch stellen. Wolferl deutete dieses Unternehmen falsch und wollte sogleich die Madame mit einem seiner üblichen Küßchen beglücken, was diese aber abwehrte. Solches Verhalten von der Damenwelt nicht gewöhnt, fragte das Wolferl höchst unwillig: »Wer ist die da, daß sie mich nicht küssen will? Hat mich doch die Kaiserin geküßt.«

Schon am 27. April 1764, wenige Tage nach ihrer Ankunft in London »waren wir von 6 bis 9 Uhr bei der Königin und dem König in St. James Park in Queens Palace, das heißt: in St. Jacobs Park in der Königin Palast ... die Gnade, mit welcher sowohl Seine Majestät der König als die Königin uns begegnet sind, ist unbeschreiblich. Kurz zu sagen: beider gemeinschaftlicher Umgang und beider freundschaftliches Wesen ließ uns gar nicht mehr denken, daß dies der König und die Königin von Engelland wären«.

Die Mozarts blieben 15 Monate in England und fühlten sich hier sehr wohl. Besonders Vater Mozart war begeistert von der liberalen Atmosphäre in diesem Land, das damals zu den reichsten und fortschrittlichsten Nationen der zivilisierten Welt gehörte. Aber auch Wolfgang fühlte sich sein Leben lang England eng verbunden, bezeichnete sich selbst als *Erz-Engelländer* und spielte später mit dem Gedanken, bei den Briten sein Glück zu suchen. Wie eine Hommage wirkt es, wenn er in seiner »Entführung aus dem Serail« das resolute Blondchen singen läßt:
Ich bin eine Engländerin, zu Freiheit geboren, und trotze jedem, der mich zu etwas zwingen will.

Nachdem im Sommer 1765 die Einkünfte aus den Konzerten der Kinder nur noch spärlich flossen, besann man sich allmählich auf die Rückfahrt. Nach einem kurzfristig geplanten Abstecher in die Niederlande, der nochmals acht Monate in Anspruch nahm, reiste die Familie - sich viel Zeit lassend - über Paris, Lyon und die Schweiz zurück nach Salzburg, wo sie wohlbehalten Ende November 1766 eintraf.

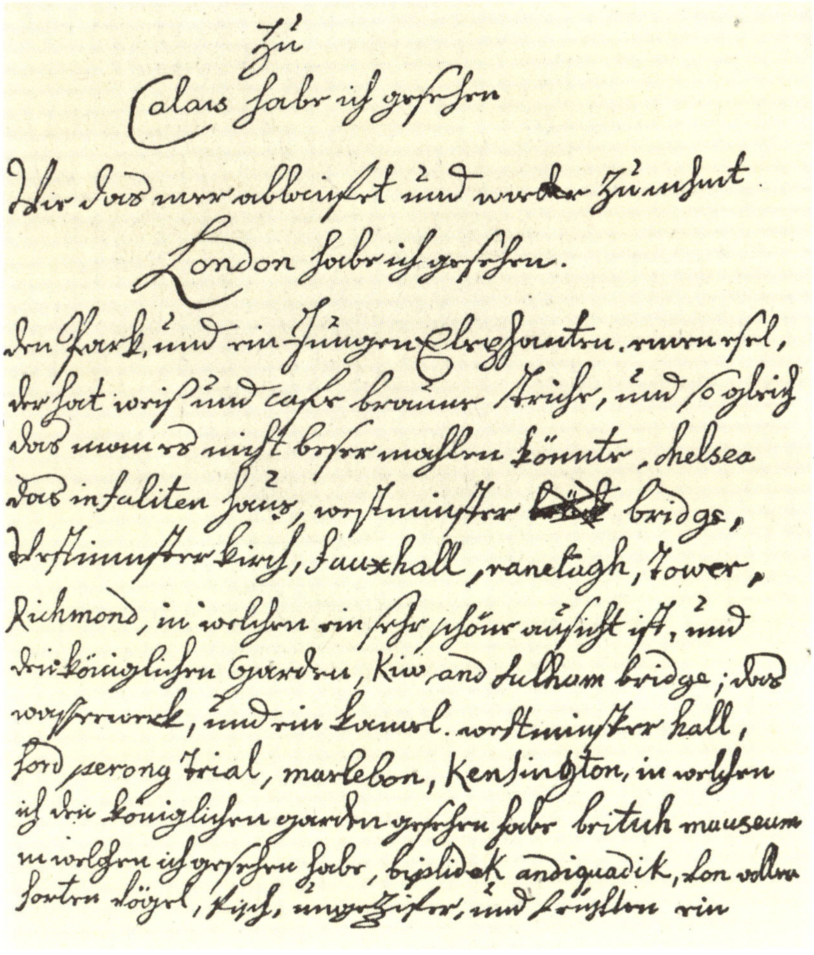

zu
Calais habe ich gesehen
wie das meer abbeifet und wider zunehmt.
London habe ich gesehen.
den Park, und ein jungen Elephanten. einen esel,
der hat weis und cafe brauner Strich, und so gleich
das man es nicht besser mahlen könnte. chelsea
das infaliten haus, westminster ~~brück~~ bridge,
Westminster kirch, Vauxhall, ranelagh, tower,
Richmond, in welchen ein sehr schöne aussicht ist, und
die königlichen Garden, Kiw, and fulham bridge; das
wasserwerck, und ein kamel. westminster hall,
lord serong trial, marlebon, Kensington, in welchen
ich den königlichen garden gesehen habe british museum
in welchen ich gesehen habe, bibliotek, andiquadik, von allen
sorten vögel, fisch, ungeziefer, und früchten ein

Fünfzehn Monate blieben die Mozarts in England, davon die meiste Zeit in London, wo sie - mit dem Reiseführer in der Hand - kaum eine Sehenswürdigkeit ausließen, vom British Museum angefangen bis zu dem »Esel, der hat weis und cafebraune Striche und so gleich, das man es nicht besser malen könnte«, wie in Nannerls Reisenotizen steht.

Auf der Rückreise im Frühjahr 1766 machten die Mozarts noch einmal Station in Paris, wo Wolfgang bei einer Teegesellschaft des Prinzen Conti ein Konzert gab.

Salzburger Zwischenspiel

In den folgenden neun Monaten, die Wolfgang in Salzburg verbrachte, war der Zehnjährige auch nicht gerade faul. Nachdem er sich als genialer Virtuose einen Namen gemacht hatte, galt es nun nach den Plänen des Vaters, seine Karriere als Komponist voranzutreiben. Erste Sonaten Mozarts waren bereits 1763 in Paris in Druck gegangen, seine erste Symphonie (KV 16) hatte der Achtjährige in London komponiert, seine zweite (KV 22) in den Niederlanden geschriebene bei der Uraufführung selbst dirigiert, nun sollte er sich nach eigenem Wunsch und väterlichem Willen auch als Opernkomponist betätigen.

Schon gut eine Woche nach der Rückkehr wurde im Dom eine der auf der Reise entstandenen Symphonien aufgeführt, *welche nicht allein bei allen Hofmusikanten großen Beifall gefunden, sondern auch große Verwunderung erweckte.* Bereits im März 1767 war seine nächste größere Komposition - das geistliche Singspiel »Die Schuldigkeit des ersten und führnehmsten Gebots« - im Rittersaal der Residenz zu hören, und am 13. Mai 1767 hatte seine erste kleine Oper - das Intermezzo »Apoll und Hyazinth« - am Salzburger Universitätstheater Premiere.

Neben dem Komponieren und dem täglichen Klaviertraining standen in diesen Monaten auch verstärkt musiktheoretische Stunden auf dem vom Vater verordneten Ausbildungsprogramm. Entlang des »Gradus ad Parnassum« von Johann Joseph Fux sollte Wolfgang durch das Studium des Kontrapunkts und der Harmoniebeziehungen zum Sitz der Musen vordringen. Aber nicht nur in der Musik war Leopold Mozart der Lehrmeister seines talentierten Sohnes, sondern auch in allen anderen Fächern wie Lesen, Schreiben, Rechnen, Literatur, Geographie, Geschichte, Latein, Italienisch und Französich, denn Wolfgang war schließlich kein Fachidiot, sondern ein rundum begabtes, aufgewecktes und leicht zu interessierendes Kind.

Hatte Wolfgang 1767 in Salzburg gleich zweimal die Gelegenheit bekommen, eine kleine Oper zu komponieren, so scheiterte der erste Anlauf Vater Mozarts 1768, eine neue Oper seines genialen Sohnes - »La Finta semplice« - auf einer Weltbühne herauszubringen und damit den Ruhm des Wunderkindes zu mehren, an den Intrigen innerhalb des Wiener Burgtheaters. Überhaupt erwies sich die zweite Wienreise, die die Familie von September 1767 bis Anfang 1769 unternahm, weitgehend als Fehlschlag. Der kindliche Charme des 12jährigen und seiner 17jährigen Schwester zog nicht mehr so recht, die Konzerttätigkeit wollte nicht richtig in Gang kommen, und als Komponist fand Wolfgang zunächst viele Neider und wenig Anerkennung.

Wieder daheim in Salzburg, war die Zeit erneut ausgefüllt mit Üben, Lernen und Komponieren. Daneben kamen aber selbstverständlich, wie auch bei den anderen Salzburger Zwischenspielen, die sozialen Kontakte nicht zu kurz. Man besuchte Freunde und Kollegen des Vaters, veranstaltete mit ihnen zusammen Hausmusikabende, und die Kinder hatten wenigstens etwas Zeit, ihren eigenen Freundeskreis zu pflegen, wobei es Nannerl wohl wesentlich leichter fiel als Wolfgang, feste -

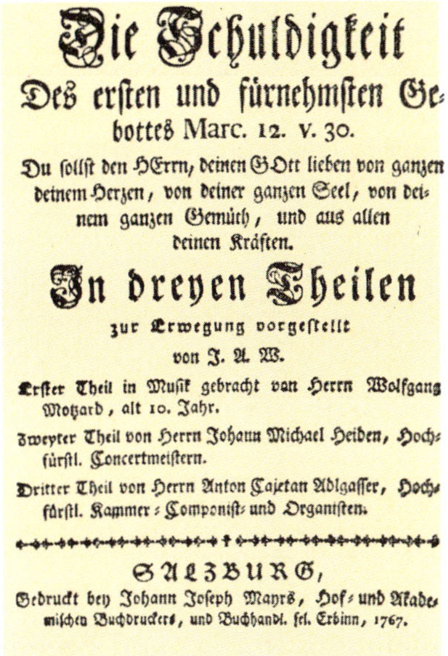

Die Schuldigkeit
Des ersten und fürnehmsten Ge-
bottes Marc. 12. v. 30.

Du sollst den HErrn, deinen GOtt lieben von ganzen deinem Herzen, von deiner ganzen Seel, von deinem ganzen Gemüth, und aus allen deinen Kräften.

In dreyen Theilen
zur Erwegung vorgestellt
von J. A. W.

Erster Theil in Musik gebracht van Herrn Wolfgang Motzard, alt 10. Jahr.

Zweyter Theil von Herrn Johann Michael Heiden, Hochfürstl. Concertmeistern.

Dritter Theil von Herrn Anton Cajetan Adlgaffer, Hochfürstl. Kammer-Componist- und Organisten.

SALZBURG,
Gedruckt bey Johann Joseph Mayrs, Hof- und Akademischen Buchdruckers, und Buchhandl. sel. Erbinn, 1767.

Das Ort der Vorstellung ist eine anmüthige Gegend an einem Garten und kleinen Wald:

Singende:

Ein lauer und hinnach eifriger Christ: Herr Joseph Meisner.

Der Christen-Geist: Herr Anton Franz Spitzeder.

Der Welt-Geist: Jungfer Maria Anna Fesemayrin.

Die göttliche Barmherzigkeit: Jungfer Maria Magdalena Lippin.

Die göttliche Gerechtigkeit: Jungfer Maria Anna Braunhoferin.

NB. Die nach diesem Zeichen " stehenden Zeilen reden die Personen für sich allein.

»Die Schuldigkeit des ersten und fürnehmsten Gebots«, ein geistliches Singspiel in drei Teilen. »Erster Teil in Musik gebracht von Herrn Wolfgang Mozart, alt 10 Jahr«.

allerdings auch recht belanglose - Freundschaften zu entwickeln. Über Spielgefährten Mozarts wird wenig berichtet. Vielleicht gehörte der einige Jahre ältere Kajetan Rupert Hagenauer dazu, der Sohn des Hausvermieters der Mozarts, für dessen Primiz - die erste selbst gehaltene Messfeier nach der Priesterweihe - am 15. Oktober 1769 in St. Peter Wolfgang eine Messe komponierte.

Es zeugte von der Wertschätzung, die Wolfgang als Musiker und Komponist am Salzburger Hof genoß, daß ihn Fürsterzbischof Schrattenbach im November 1769 zum - allerdings unbesoldeten - dritten Kapellmeister des Salzburger Hoforchesters ernannte. Allzuviel hatte Schrattenbach aber nicht von seinem frischgebakkenen Kapellmeister, denn den Vater trieb es schon wieder in die Ferne. Er wollte auch den Italienern seinen mittlerweile zu einem Wunderknaben herangereiften Sohn vorführen, wohl auch in der Hoffnung, für Wolfgang eine feste, gut besoldete Anstellung an einem der italienischen Höfe zu erwirken. Hatte Nannerl bislang alle Reisen mitgemacht und war gemeinsam mit ihrem Bruder aufgetreten, mußte sie von nun ab, da sie mit ihren achtzehn Jahren nicht mehr so recht als »Wunderkind« taugte, daheim bleiben.

Für die erste Messe, die sein Freund Rupert Cajetan Hagenauer nach seiner Priesterweihe in der Salzburger Stiftskirche St. Peter hielt, komponierte Mozart die Musik.

Musik im geselligen Kreis gehörte zu den Vergnügungen, die Leopold sich und seiner Familie oft gönnte.

Viva Maestrino - Viva Italia

Fünfzehn Monate währte die erste Italienreise, die sich zu einem wahren Triumphzug entwickelte. Verona, Mailand, Bologna, Florenz, Rom und Neapel waren die wichtigsten Reisestationen. Mozart erregte Bewunderung, wo immer er hinkam. Er wurde an allen bedeutenden italienischen Höfen begeistert empfangen, - selbst der Papst ließ sich nicht das Vergnügen einer Privataudienz entgehen -, bekam in Mailand den heißersehnten Auftrag, zu Weihnachten 1770 eine Oper zu schreiben und selbst zu dirigieren, erhielt im Vatikan den Orden zum Goldenen Sporn, und wurde, obwohl er noch nicht das Mindestalter erreicht hatte, nach glanzvoller Prüfung in die angesehene »Accademia Filarmonica« in Bologna aufgenommen. Die Premiere seines »Mitridate, Re di Ponto« in Mailand am 26. Dezember war ein voller Erfolg. *Viva Maestro, Viva il Maestrino* rief das Publikum unter heftigem Applaudieren nach fast jeder Arie, wie Leopold zufrieden den daheimgebliebenen Damen berichtete.

Nach einem kurzen Ausflug nach Venedig, um dort die letzten Tage des berühmten venezianischen Karnevals mitzuerleben, kehrten Vater und Sohn Ende März 1771 nach Salzburg zurück. Das Land, wo die Zitronen blühen, hatte auch auf Wolfgang nicht seine Wirkung verfehlt, und das Bewußtsein, mit einem neuen Opernauftrag für die Mailänder Karnevalsaison 1772/73 in der Tasche eine Rückfahrkarte nach Italien erhalten zu haben, dürfte die Rückkehr aus den südlichen Gefilden wesentlich versüßt haben.

In Rom, der Ewigen Stadt, erregte Wolfgang große Aufregung, als er das »Misere«, dessen Noten vom Vatikan streng gehütet wurden, nach einmaligem Hören aus dem Kopf aufzeichnete. Obwohl auf dieses »Verbrechen« eigentlich Exkommunikation stand, beschloß der Papst lieber, das göttliche Talent dieses Wunderknaben mit der Verleihung des Ordens vom Goldenen Sporn zu ehren. Es war überhaupt erst das zweitemal seit der Stiftung dieses Ordens 1559, daß er an einen Musiker vergeben wurde.

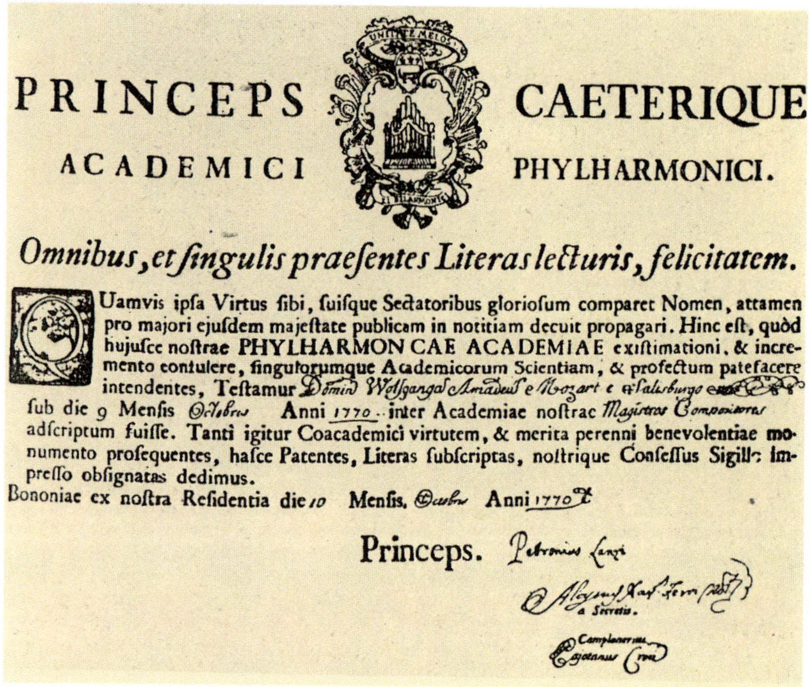
PRINCEPS CAETERIQUE ACADEMICI PHYLHARMONICI.

Omnibus, et singulis praesentes Literas lecturis, felicitatem.

Quamvis ipsa Virtus sibi, suisque Sectatoribus gloriosum comparet Nomen, attamen pro majori ejusdem majestate publicam in notitiam decuit propagari. Hinc est, quòd hujusce nostrae PHYLHARMONICAE ACADEMIAE existimationi, & incremento conlulere, singulorumque Academicorum Scientiam, & profectum patefacere intendentes, Testamur Dominum Wolfgangum Amadeum Mozart e Salisburgo sub die 9 Mensis Octobris Anni 1770 inter Academiae nostrae Magistros Compositores adscriptum fuisse. Tanti igitur Coacademici virtutem, & merita perenni benevolentiae monumento prosequentes, hasce Patentes, Literas subscriptas, nostrique Consessus Sigillo impresso obsignatas dedimus.

Bononiae ex nostra Residentia die 10 Mensis Octobris Anni 1770

Princeps. Petronius Lanzi

In Bologna verblüffte Mozart die alten Meister der Accademia Filarmonica, als er - nur mit größten Bedenken überhaupt zugelassen - binnen einer halben Stunde die schwierige Prüfungsaufgabe erledigte und damit jüngstes Mitglied in dieser hochangesehenen und international anerkannten Musikgesellschaft wurde.

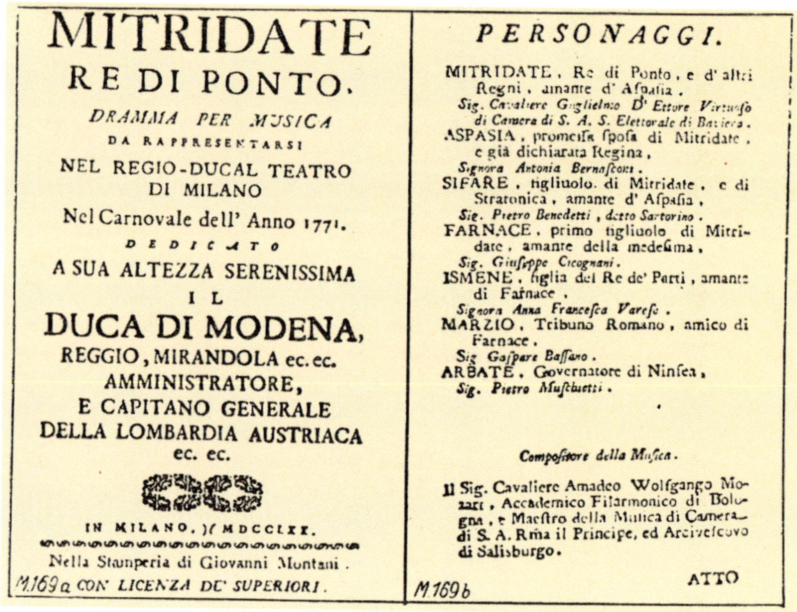
MITRIDATE
RE DI PONTO.
DRAMMA PER MUSICA
DA RAPPRESENTARSI
NEL REGIO-DUCAL TEATRO
DI MILANO
Nel Carnovale dell' Anno 1771.
DEDICATO
A SUA ALTEZZA SERENISSIMA
IL
DUCA DI MODENA,
REGGIO, MIRANDOLA ec. ec.
AMMINISTRATORE,
E CAPITANO GENERALE
DELLA LOMBARDIA AUSTRIACA
ec. ec.
IN MILANO.)(MDCCLXX.
Nella Stampería di Giovanni Montani.
M.169a CON LICENZA DE' SUPERIORI.

PERSONAGGI.
MITRIDATE, Re di Ponto, e d'altri Regni, amante d'Aspasia.
Sig. Cavaliere Guglielmo D' Ettore Virtuoso di Camera di S. A. S. Elettorale di Baviera.
ASPASIA, promessa sposa di Mitridate, e già dichiarata Regina,
Signora Antonia Bernasconi.
SIFARE, figliuolo di Mitridate, e di Stratonica, amante d' Aspasia,
Sig. Pietro Benedetti, detto Sartorino.
FARNACE, primo figliuolo di Mitridate, amante della medesima,
Sig. Giuseppe Cicognani.
ISMENE, figlia del Re de' Parti, amante di Farnace,
Signora Anna Francesca Varese.
MARZIO, Tribuno Romano, amico di Farnace.
Sig. Gaspare Bassano.
ARBATE, Governatore di Ninfea,
Sig. Pietro Muschietti.

Compositore della Musica.
Il Sig. Cavaliere Amadeo Wolfgango Mozart, Accademico Filarmonico di Bologna, e Maestro della Musica di Camera di S. A. Rma il Principe, ed Arcivescovo di Salisburgo.

M.169b ATTO

Titelblatt des ersten Textbuches von »Mitridate, Re di Ponto«, »Compositore della musica« ist der 14jährige »Cavaliere Amadeo Mozart.«.

In Italien, der Heimat der Oper, genoß Mozart nicht nur das reiche Musikleben, sondern bestaunte auch die landschaftlichen und historischen Sehenswürdigkeiten, wie das Besichtigungsprogramm in Neapel zeigt: »Montag und Dienstag werden wir den Vesuvium etwas näher betrachten, Pompeji und das Herculaneum, die Städte, so man ausgräbt, und die bereits gefundenen Seltenheiten bewundern«, und Wolfgang schrieb begeistert: »Heut raucht der Vesuvius stark, potz Blitz« .... »Ich bin auch noch lebendig wie allezeit, und reise gern: nun bin ich auch auf dem Mediterranischen Meere gefahren.«

In Verona entstand auf Veranlassung des Veroneser Kaufmanns Pietro Lugati dieses Portrait des 14jährigen Mozart am Klavier.

In Salzburg sah sich die Familie vor ein neues Problem gestellt. Wolfgang war während der Reise in die Pubertät gekommen, und die 3-Zimmerwohnung in der Getreidegasse erwies sich als zu klein: *so, wie wir, wie die Soldaten, untereinander schlafen, können wir nicht mehr sein: der Wolfgang ist nicht mehr 7 Jahre alt,* stöhnte Vater Leopold, und es wurden Überlegungen zu einem Wohnungswechsel angestellt, was sich als recht schwierig erwies.

Glücklicherweise bot ein unerwartet aus Wien eintreffender Kompositionsauftrag zunächst einen Anlaß, sich der brennenden Frage des Raumproblems zu entziehen. Für die Hochzeit Ferdinands, eines der Söhne Maria Theresias und Generalstatthalter der Lombardei, in Mailand sollte Wolfgang eine Serenata - »Ascanio in Alba«, eine Allegorie auf Maria Theresia und ihre Kinder, - komponieren. Also zog der Sohn nach knapp viermonatigem Aufenthalt in seiner Heimatstadt im August 1771, wieder in Begleitung seines Vaters, erneut über die Alpen und erfüllte seine Aufgabe in Mailand zur vollsten Zufriedenheit des jungen Hochzeitpaares und aller anderen anwesenden Zuhörer.

Die Uraufführung des »Lucio Silla« verlief nicht ganz ohne Komplikationen. Eine Woche vor der Premiere sagte der Tenor ab und in aller Eile mußte ein Ersatz beschafft werden. Es kam ein »Kirchensänger aus Lodi« ohne große Theatererfahrung, der nun nicht nur singen, sondern auch noch spielen sollte. Als Reaktion auf die erste Arie der Primadonna sollte er »eine Aktion des Zornes« zeigen und tat dies so gründlich, »daß es schien, als wollte er ihr Ohrfeigen geben und ihr die Nase mit der Faust wegstossen«, worüber das Publikum lachte, was wiederum die Primadonna schrecklich verunsicherte. Dennoch kam die Oper bestens an und wurde noch 25mal wiederholt.

Das Weihnachtsfest 1771 verbrachten die Mozarts wieder daheim im trauten Familienkreis, und noch ein weiteres Dreivierteljahr spielte sich das Familienleben in der engen Wohnung in der Getreidegasse ab. Mozart war in dieser Zeit nicht müßig, sondern eifrig mit Komponieren beschäftigt. Anfang Mai wurde seine Serenata dramatica »Il sogno di Scipione« in der Residenz aufgeführt, außerdem stellte er schon einen Teil der Partitur des »Lucio Silla« für Mailand fertig. Im Oktober 1772 reisten Wolfgang und Leopold zum drittenmal über den Brenner gen Italien, um ihre Rückfahrkarte einzulösen. Auch der »Lucio Silla«, der erstmals am 26. Dezember 1772 über die Bühne ging und in der gleichen Saison noch 25mal aufgeführt wurde, war äußerst erfolgreich.

Bereits Anfang 1764 hatte Leopold Mozart die Auffassung vertreten, daß sein damals achtjähriger Sohn, was seine virtuosen und kompositorischen Fähigkeiten angehe, sehr wohl schon imstande sei, Hofdienste zu verrichten, und hatte damit auch seine Zukunftspläne für Wolfgang angesprochen. Nach seinen Vorstellungen sollte Mozart als gutbezahlter Kompositeur und Kapellmeister an einem großen und bekannten Hof in fester Anstellung ohne Existenzsorgen ein bürgerliches Leben führen. Aber seine Bemühungen, seinen Sohn entweder am Mailänder oder am Florentiner Hof unterzubringen, stießen zwar zunächst auf fürstliches Interesse, scheiterten dann aber doch im Laufe der Verhandlungen. Weitere Musikaufträge aus Italien blieben auch aus. Vermutlich schweren Herzens reiste Leopold mit dem Sohn im März 1773 nach Salzburg zurück, wo auf Wolfgang zwar bereits eine feste - mit 150 Gulden schlecht besoldete - Stelle als Konzertmeister wartete, die seinem Genie aber kaum den notwendigen Rahmen zur weiteren kreativen und künstlerischen Entfaltung bot.

Im Spätherbst 1773 wurde nun doch das Problem Umzug ernsthaft angegangen, und die Familie siedelte aus ihrer kleinen Wohnung in der Getreidegasse in eine geräumige 8-Zimmerwohnung im sogenannten Tanzmeisterhaus am Hannibalplatz - heute Makartplatz - am anderen Ufer der Salzach über. Der Umzug stellt merkwürdigerweise auch in vieler Hinsicht eine Zäsur in Wolfgangs Leben dar. Der Abschied von den vertrauten Räumen in der Getreidegasse wurde gleichzeitig ein Abschied von einer Kindheit und Jugend auf Reisen.

Wohnungssuche war auch damals schon ein schwieriges Unterfangen und erst im Herbst 1773 fanden die Mozarts eine geeignete Unterkunft am Hannibalplatz. Herzstück der neuen 8-Zimmerwohnung war ein großer Saal, der vormals als Tanzschule gedient hatte und nun von den Mozarts als Konzertsaal genutzt wurde.

Sich auf seine Italienaufenthalte beziehend, signierte Mozart ein im Dezember 1773 in Salzburg komponiertes Streichquartett mit »Cavaliere Wolfgango Amadeo Mozart«, wie er in Italien allgemein nach seiner Ernennung zum Ritter vom Goldenen Sporn bezeichnet wurde.

Wie weit all die Reisen seit 1762 ein finanzieller Erfolg waren, sei dahingestellt, für Wolfgangs menschliche und musikalische Entwicklung waren sie ein großer Gewinn. So anstrengend dieses Umherreisen war und seine Gesundheit untergraben hat, so galt auch für ihn: Reisen bildet. Er hatte halb Europa am Vorabend der Französischen Revolution kennengelernt und war mit den verschiedensten Geisteshaltungen - von engstirniger Adelsherrschaft bis zum aufklärerischen Liberalismus - in Berührung gekommen. Sicherlich legten diese Reisen in ihm die Grundlage für die Ablehnung provinzieller Kleingeisterei und die Weltoffenheit, die aus seinen späteren Werken spricht.

Mozart hatte bedeutende Musikzentren besucht, war vielen berühmten Komponisten begegnet, - darunter dem von Wolfgang besonders verehrten Altmeister der Oper, Johann Adolf Hasse, hatte die aktuelle Musik, die gerade »in« war, an Ort und Stelle kennengelernt und sich intensiv damit auseinandergesetzt, was deutliche Spuren in seinen frühen Werken hinterließ. Zeugen seine ersten Kompositionen noch von der helfenden Hand des Vaters, so schwamm sich Mozart zunehmend frei und entwickelte - all seine musikalischen Eindrücke verschmelzend - immer mehr einen Stil, der unverkennbar seine unnachahmliche Handschrift trug. Seine »éducation musicale« war weitgehend abgeschlossen.

Mozart lernte auf seinen Reisen viele Komponisten, Musiker, Sänger und Sängerinnen kennen, die wie er als Reisende in Sachen Musik unterwegs waren und die er oft an den verschiedensten Orten wiedertraf.

Wehmütig und leicht resigniert ließ sich Mozart 1777 in Salzburg portraitieren. Sowohl der Goldene Sporn als auch der Hinweis auf seine Mitgliedschaft in den philharmonischen Gesellschaften in Bologna und Verona erinnerten an eine Zeit der Erfolge, die nur zu kraß von seinem jetzigen Dasein abstachen.

Die Schwierigkeiten, erwachsen zu werden

Mozart war mit seinen fast 18 Jahren mittlerweile ein junger Mann, der sich nun auch den lästigen Forderungen und Verpflichtungen des beruflichen Alltags stellen mußte. Als bestellter Hofmusikus war es mit dem Umherreisen vorbei, und er mußte nun »Frondienste« am fürsterzbischöflichen Hof leisten. Spätestens in dieser Zeit setzte seine Abneigung gegen Salzburg und seine Einwohner ein, die sich in den nächsten Jahren noch verstärken sollte. *Ich schwöre Ihnen bei meiner Ehre, daß ich Salzburg und die Einwohner, ich rede von geborenen Salzburgern, nicht leiden kann; mir ist ihre Sprache, ihre Lebensart ganz unerträglich,* wobei er seiner Heimatstadt und den Salzburgern doch etwas unrecht tat.

Einerseits war Salzburg auch schon damals ein verschlafenes Provinzstädtchen - und das Leben eben gekennzeichnet von der etwas muffigen Spießigkeit seiner Kleinbürger -, andererseits bot es als Hauptstadt des gleichnamigen Fürsterzbistums und Residenz der Salzburger Fürsterzbischöfe, die zugleich für das weltliche und geistliche Wohl ihrer Landeskinder zuständig waren, das Flair eines spätbarocken Herrschersitzes. Hatte Salzburg zwar nie wie viele andere kleine Fürstentümer dieser Epoche die Umgestaltung zu einem »Mini-Versailles« erfahren, so spiegelten doch sowohl das Stadtbild mit Dom und Residenz als auch das kulturelle Leben mit Theater und Hoforchester das Repräsentationsbedürfnis seiner Herrscher wider. Großstadtatmosphäre wie Wien, Paris, London, Rom und Mailand, die Mozart auf seinen Reisen kennengelernt hatte, konnte das Städtchen aber beim besten Willen nicht bieten.

Salzburg, idyllisch an der Salzach gelegen, war sicher ein nettes Kleinstädtchen, das aber Mozart nicht die vitale und anregende Großstadtatmosphäre bieten konnte, die er in den Metropolen Europas kennengelernt hatte.

Salzburger Langeweile

Der Residenzplatz in Salzburg mit dem Dom, der Residenz der Fürsterzbischöfe und dem Hofbrunnen.

Gingen Mozart schon zunehmend die banalen Nichtigkeiten des Salzburger Alltags auf die Nerven, so trug sein Arbeitgeber, Fürsterzbischof Hieronymus Graf Colloredo, seit 1772 in diesem Amt, nicht gerade zur Beseitigung seiner Frustration bei. War dessen Vorgänger Schrattenbach ein großer Theater- und Musikliebhaber und voller Verständnis für die Reisegelüste seines Vice-Kapellmeisters Leopold Mozart gewesen, so war Colloredo genau das Gegenteil. Nüchtern, unmusisch und sparsam bis zur Knickrigkeit hatte er für Musik und Theater nur so viel Zeit und Geld übrig, als die fürstliche Repräsentation unbedingt erforderte, bestand aber trotzdem rigide auf der Anwesenheitspflicht seiner Angestellten, so daß sich Wolfgang auch nicht anderswo vor musikfreudigerem Publikum produzieren durfte.

»Ich hasse den Erzbischof bis zur Raserei«, kennzeichnet Mozart sein Verhältnis zu seinem Landesherrn und Arbeitgeber, der wiederum zwar seinen Hofmusikus für sehr talentiert, aber auch für äußerst arrogant und verzogen hielt, was das Arbeitsklima nicht unbedingt erfreulich gestaltete.

Obwohl Mozart Salzburg eine Fülle von Notenblättern schenkte - neben Kompositionen für den Hof schrieb er eine Unmenge von Serenaden, Konzerten und Tänzen für seine Mitbürger -, befriedigte ihn seine Tätigkeit in dieser Stadt nicht, sondern er strebte nach mehr Ruhm und Ehre.

Erfreuliche Unterbrechung in diesem Salzburger Einerlei war ein Kompositionsauftrag aus München für die Oper »La Finta giardiniera«. Widerwillig mußte Colloredo des kurfürstlichen Auftraggebers zuliebe seinen beiden Hofmusikern Urlaub gewähren, und so konnten Vater und Sohn Anfang Dezember 1774 für einige Wochen nach München entfliehen. Nach dem erfolgreichen Ausflug in die bayrische Hauptstadt, wo Mozart sich bei der Premiere am 13. Januar 1775 vor Applaus und *viva Maestro*-Rufen kaum retten konnte, war die Rückkehr in den Salzburger Alltag umso schmerzhafter. Zwar erhielt Wolfgang zahlreiche Kompositionsaufträge für den Hof, neben Messen unter anderem auch die Serenata »Il re pastore« anläßlich eines Besuches von Erzherzog Maximilian, dem jüngsten Sohn Maria Theresias, die in Gegenwart des Staatsbesuches im Mai 1775 aufgeführt wurde, aber Wolfgang fühlte sich nicht seinen Begabungen und Fähigkeiten entsprechend ausgelastet und strebte nach Höherem und auch finanziell besser Honoriertem. Auch die vielen Anfragen und Aufträge aus dem Salzburger Bürgertum - vom Konzert über Serenade bis zum Gesellschaftstanz - trösteten ihn nicht über seine Unzufriedenheit hinweg.

Nach zweieinhalb Jahren reichte es ihm. Mit Einwilligung des Vaters kündigte er beim Erzbischof, der ihm gerade wieder einen Urlaubsantrag nicht genehmigt hatte, und beschloß anderswo *einen beständigen guten Dienst zu suchen: oder, wenn dieses mißlang, sich an einen großen Platz zu begeben, wo große Verdienste sind* und sich *vor allem Ruhm und Ehre in der Welt zu machen.* Um nicht seine eigene Anstellung zu riskieren, mußte der Vater schweren Herzens zu Hause bleiben, während die Mutter diesmal mitreiste.

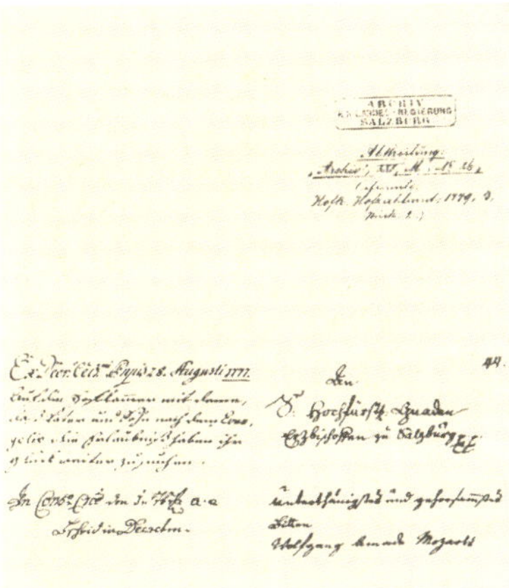
ARCHIV
LANDES-REGIERUNG
SALZBURG

28. Augusti 1777

Wolfgang Amade Mozart

Im Sommer 1777 reichte Mozart sein Entlassungsgesuch ein, das der Fürsterzbischof am 28. August genehmigte. Bei der Gelegenheit versuchte sich Colloredo auch gleich seines Vice-Kapellmeisters zu entledigen, der für seinen Geschmack zuviel Aufhebens um seinen genialen Sohn machte und nicht davor zurückgeschreckt war, den Kirchenmann mit dem Hinweis auf die Bibel um Urlaub zu bitten. »Auf die Hofkammer mit deme, daß Vater und Sohn nach dem Evangelio die Erlaubnis haben, ihr Glück weiter zu suchen«. Nur mit Mühe konnte Leopold Mozart die Rücknahme seiner Entlassung erwirken.

Maria Anna Thekla Mozart, von Mozart immer nur liebevoll das »Bäsle« genannt.

Der 21jährige Mozart, festgehalten auf einem Medaillon, das er dem Bäsle zur Erinnerung an lustige Stunden schickte.

Das Bäsle und Aloysia - Liebesvariationen

Siegesgewiß verließ Wolfgang in Begleitung seiner Frau Mama am 23. September 1777 das verhaßte Salzburg, selig, dem *Mufti* Colloredo entkommen zu sein. Die erste kalte Dusche erlebte er in München, wo ihm der Kurfürst Maximilian III. Joseph auf recht drastische Art mitteilte, daß er an seinen musikalischen Diensten nicht interessiert sei.

In Augsburg, der nächsten Etappe, ging ihm die Arroganz der Patrizier so auf die Nerven, daß er wild entschlossen war, *sich vom ganzen Patriziat im Arsch lecken zu lassen und weg zu reisen.* Kam er zwar beruflich auch in dieser Stadt nicht weiter, so verschaffte ihm seine Cousine Maria Thekla Mozart doch auch angenehme Erinnerungen an den Augsburger Aufenthalt. Das Bäsle sei *schön, vernünftig, lieb, geschickt und lustig,* berichtet Mozart seinem Vater, *wir zwey taugen recht zusammen, denn sie ist auch ein bißchen schlimm. Wir foppen die Leute miteinander, daß es lustig ist.*

Empört wehrt er die Vermutung seines Vaters ab, das Bäsle sei ein *Pfaffenschnitzel*, wobei Leopold doch nicht so ganz unrichtig lag, denn Maria Thekla bekam 1784 von einem Augsburger Domherrn ein Kind. Am 26.Oktober verließ Wolfgang Augsburg, nicht ohne tags zuvor seinem Bäsle galant ins Poesiealbum zu schreiben: *Wenn Sie lieben, was ich liebe, lieben Sie sich selbst.* In den folgenden drei Wochen wartete er begierig auf ihre Briefe, schrieb ihr häufig, und die beiden tauschten Portraitmedaillons aus, dann ebbte seine Bäsle-Begeisterung spürbar ab.

Das Bäsle hat dank der Briefe, die der *Edle von Sauschwanz* ihr zukommen ließ, in der Mozart-Biographie eine seltsame Berühmtheit erlangt. Wie weit es in Augsburg beim »Foppen« geblieben war, oder ob Maria Thekla ihrem Vetter auch weitergehende Vergnügungen erotischer Natur gestattete, bleibt ein Geheimnis der beiden, aber die Briefe sind ein beliebter Ansatzpunkt für zahlreiche psychoanalytisch ambitionierte Biographen, über Mozarts Verhältnis zum Sex zu spekulieren. Leopold Mozarts Anspielungen auf eine *großäugige* Bäckerstochter, die in Salzburg mit Wolfgang *beim Stern getanzt und ihm so freundliche Komplimente gemacht* hatte, sowie Mozarts Bitte an den Vater, die ganze Affaire doch möglichst zu vertuschen, lassen darauf schließen, daß das 21jährige Wolferl auch in Salzburg bereits auf Amors Spuren gewandelt war und das Bäsle nicht die erste Vertreterin der holden Weiblichkeit war, mit der er in handgreiflichen Kontakt kam, wie oft vermutet wurde.

Einer der Briefe, die Mozart seinem »Bäsle« zukommen ließ.

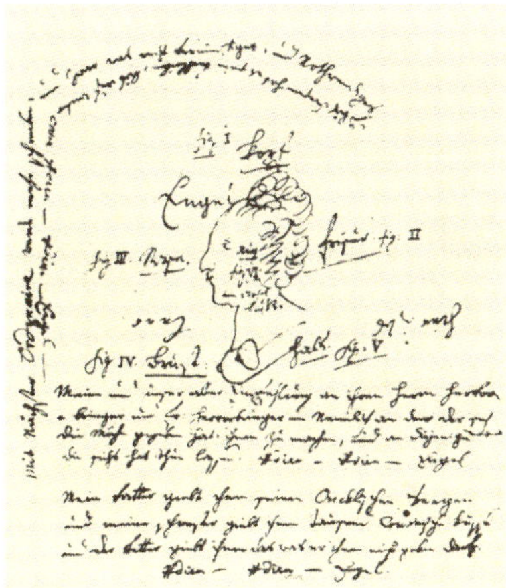

Das ist curiös! ich soll etwas Gescheites schreiben und mir fällt nichts Gescheites ein, schreibt Wolfgang dem Bäsle eine Woche nach seiner Abreise aus Augsburg, sonderlich Gescheites fiel ihm auch in den folgenden Briefen nicht ein, sondern er füllte die Zeilen weitgehend mit *Sauereyen. Mein Arsch brennt wie Feuer! was muß das nicht bedeuten! - Vielleicht will Dreck hinaus? - ja, ja, Dreck, ich kenne dich, sehe dich, und schmecke dich.* In vielfältiger Variation bildet dieses Thema die Hauptingredienz seiner Briefe, und Wolfgang entschuldigt sich beim Bäsle: *Neulich war ich übels Humor, da schrieb ich schön, gerade und ernsthaft; heute bin ich gut aufgereimt, da schreib ich wild, krumm und lustig.*

Mozart verwendete in diesen Briefen voller Wortverdrehungen und Lautmalereien eine Nonsens-Poetik, die, wäre sie um 1960 verfaßt worden, ihrer Formenphantasie willen sicher als literaturfähig bezeichnet worden wäre. Zwischen 1777 und 1779 entstanden, diente sie aber nur einer biographischen Auswertung, die spürbar im Schatten der Prüderie des 19. Jahrhundert stand und steht. Es wurde daraus abgeleitet, Mozart sei im Freudschen Analstudium steckengeblieben; von Impotenz bis Erotomanie reichen die Interpretationen, wobei zumeist dezent verschwiegen wird, daß Wolfgang hier einen Umgangston fortsetzte, den er von klein auf aus Salzburg gewöhnt war. *adio ben mio, leb gesund, reck den Arsch zum Mund. Ich wünsch dir eine gute Nacht, scheiß ins Bett, das er kracht,* stammt nicht aus Mozarts Feder, sondern aus der seiner Mutter, die diesen liebevollen Gutenachtgruß ihrem Mann aus München schrieb.

In Mannheim, der nächsten Station, erwischte dann Mozart die Liebe gründlichst. Hatte Wolfgang den Vater, nachdem sich auch dort die Hoffnungen auf eine Anstellung am vorzüglichen Mannheimer Hoforchester zerschlagen hatten, mit der frohen Botschaft überrascht, nach Weihnachten in Paris sein Glück probieren zu wollen, was dieser auch nach längerem Zögern guthieß, so reiste und reiste Wolf-

Voll schwärmerischer Verehrung himmelte Mozart in Mannheim die sechzehnjährige Sängerin Aloysia Weber an, die wohl eher an seinen musikalischen als an seinen männlichen Qualitäten interessiert war.

gang nun nicht ab. Grund für das Verhalten war Aloysia Weber, eine sechzehnjährige Schönheit, die am Beginn ihrer Sängerinnenlaufbahn stand. Statt sich um sein eigenes Fortkommen zu kümmern, zerbrach sich Mozart nun den Kopf, wie er Aloysias Karriere fördern könnte und schmiedete - unterstützt von Aloysias Vater Fridolin, einem heruntergekommenen Notenkopisten mit umfangreicher Familie - hochfliegende Pläne, die darin gipfelten, mit Aloysia und ihrer Sippschaft nach Italien zu fahren, um ihr dort als Primadonna zum Durchbruch zu verhelfen.

Die Mutter stand diesen Plänen machtlos gegenüber und konnte ihren Sohn nicht zur Raison bringen. Verzweifelt benachrichtigte sie ihren Mann von den Abwegen, auf denen sich ihr Sohn tummelte. Der Vater, dem die ganze Familie Weber inklusive Aloysia ein Greuel war, schrieb postwendend einen harschen Brief an den ungehorsamen Sohn, der es an drastischen Ermahnungen nicht fehlen ließ: Seine Begeisterung für die kleine Sängerin am Münchner Theater, seinen Flirt mit dem Bäsle in Augsburg und seine Lobpreisungen auf Rose Cannabich in Mannheim hätte er ja noch hingenommen, aber das ginge nun doch zu weit: *es kommt auf deine Vernunft und Lebensart an, ... ob du von einem Weibsbild eingeschäfert mit einer Stube voll notleidender Kinder auf dem Strohsack oder nach einem christlich hingebrachten Leben mit Vergnügen, Ehre und Ruhm, mit allem für deine Familie wohlversehen, bei aller Welt in Ansehen sterben willst ... Fort mit Dir nach Paris!* Der Sohn fügte sich dem väterlichen Befehl und reiste zusammen mit seiner Mutter höchst mißgelaunt aus Mannheim ab.

Wie anders im Vergleich zu den Bäsle-Briefen klangen seine Worte an Aloysia, die er ihr aus Paris schrieb. *Carissima Amica! ... wirklich glücklich wird meine Lage und mein Zustand erst an dem Tage sein, an dem ich das höchste Vergnügen haben werde, Sie wiederzusehen und von ganzem Herzen zu umarmen, das ist auch alles, was ich mir erhoffen und begehren darf. Nur in diesen Gedanken und in dieser Hoffnung finde ich Trost und Ruhe.* Es ist die Sprache eines schüchtern hoffenden Verliebten, der seine Angebetete auf das hohe Podest schwärmerischer Verehrung gestellt hatte.

Und Aloysia? Hochmusikalisch, wie sie war, hat sie sicher erkannt, wie sehr ihr Mozart für ihre Karriere nützlich sein konnte und ließ sich gern Arien von ihm schreiben. Daß sie ihm bewußt Hoffnungen gemacht und seine Ambitionen als Liebhaber geschürt hat, wie oft behauptet wird, ist nicht nachweisbar. Vielleicht genoß sie es, von Mozart angehimmelt zu werden, verliebt war sie in den kleinen schmächtigen Musiker jedenfalls nicht und erteilte ihm in München, wo Mozart die mittlerweile recht erfolgreiche Sängerin 1779 auf seiner Rückreise aus Paris aufsuchte, eine glatte Abfuhr. Ihre spöttische Zurückweisung dürfte für Wolfgang der herbste Schlag von allen Mißerfolgen der unglückseligen Reise gewesen sein. Noch zwei Jahre später, als er Aloysia in Wien wiederbegegnete, hatte sie ihre Anziehungskraft auf ihn nicht verloren, war aber inzwischen verheiratet und für ihn unerreichbar geworden.

Mozarts Brief an Aloysia aus Paris vom 30. Juli 1778.

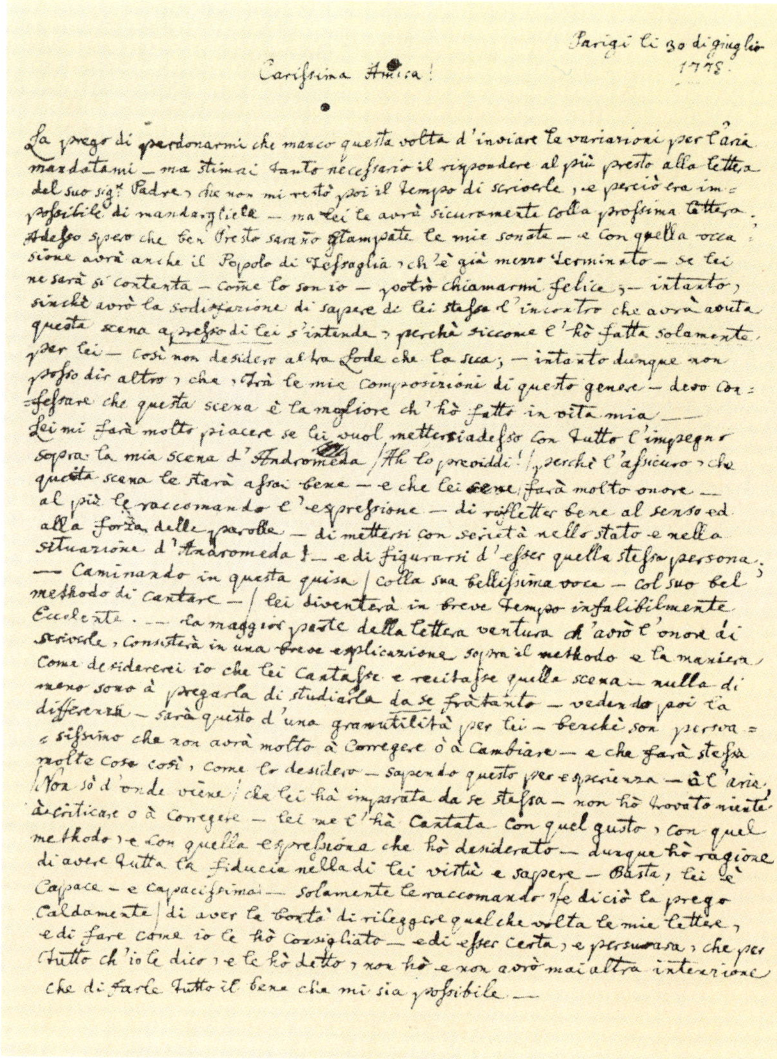
Parigi li 30 di giuglio
1778.

Carissima Amica!

La prego di perdonarmi che manco questa volta d'inviare le variazioni per l'aria
mandatami – ma stimai tanto necessario il rispondere al più presto alla lettera
del suo sig:r Padre, che non mi restò poi il tempo di scriverle, e perciò era im=
possibile di mandargliele – ma lei le avrà sicuramente colla prossima lettera.
Adesso spero che ben presto saranno stampate le mie sonate – e con quella occa=
sione avrà anche il Popolo di Tessaglia, ch'è già mezzo terminato – se lei
ne sarà si contenta – come lo son io – potrò chiamarmi felice; – intanto,
sinchè avrò la sodisfazione di sapere di lei stessa l'incontro che avrà avuta
questa scena appresso di lei s'intende, perchè siccome l'hò fatta solamente
per lei – così non desidero altra lode che la sua; – intanto dunque non
posso dir altro, che, trà le mie composizioni di questo genere – devo con=
=fessare che questa scena è la megliore ch'hò fatto in vita mia —
Lei mi farà molto piacere se lei vuol mettersi adesso con tutto l'impegno
sopra la mia scena d'Andromeda (Ah lo previddi!) perchè l'assicuro, che
questa scena le starà assai bene – e che lei sene farà molto onore —
al più le raccomando l'espressione – di rifletter bene al senso ed
alla forza delle parolle – di mettersi con serietà nello stato e nella
situazione d'Andromeda! – e di figurarsi d'esser quella stessa persona;
— Caminando in questa guisa (colla sua bellissima voce – col suo bel
methodo di cantare –) lei diventerà in breve tempo infalibilmente
Eccelente. — la maggior parte della lettera ventura ch'avrò l'onore di
scriverle, consisterà in una breve esplicazione sopra il methodo e la maniera
come desiderei io che lei cantasse e recitasse quella scena – nulla di
meno sono à pregarla di studiarla da se frà tanto – vedendo poi la
differenza – sarà questo d'una granutilità per lei – benchè son persva=
=sissimo che non avrà molto à corregere ò à cambiare – e che farà stessa
molte cose così, come lo desidero – sapendo questo per esperienza – à l'aria
(Non sò d'onde viene) che lei hà imparata da se stessa – non hò trovato niente
à criticare o à corregere – lei me l'hà cantata con quel gusto, con quel
methodo, e con quella espressione che hò desiderato – dunque hò ragione
di avere tutta la fiducia nella di lei virtù e sapere – Basta, lei è
capace – e capacissima – solamente le raccomando (e di ciò la prego
caldamente) di aver la bontà di rileggere qualche volta le mie lettere,
e di fare come io le hò consigliato – e di esser certa, e persuasa, che per
tutto ch'io le dico, e le hò detto, non hò e non avrò mai altra intenzione
che di farle tutto il bene che mi sia possibile —

In München erteilte Aloysia ihrem schmachtenden Verehrer eine drastische Abfuhr, die ihn sehr erschütterte.

Mozart wußte sich erfolgreich mit ihrer Schwester Constanze zu trösten und hat es sicher nicht bereut. Eher dürfte Aloysia ihre Entscheidung bedauert haben, denn ihre Ehe mit dem Schauspieler Joseph Lange war zwar kinderreich, aber keineswegs harmonisch. Mozart entwickelte später ein nicht sonderlich herzliches, aber freundschaftliches Verhältnis zu seiner Schwägerin und schrieb ihr viele Konzertarien. Vielleicht war es aber eine späte Revanche für den Korb, den sie ihm erteilt hatte, daß er mit Ausnahme einiger Arien im »Schauspieldirektor« keine seiner Opernrollen für ihre klangvolle Kehle komponierte.

Pariser Katastrophen

Hatte er in München und Mannheim zwar keine feste Anstellung erreichen können, so war ihm in beiden Städten Anerkennung nicht versagt geblieben. In Paris, wo er Ende März 1778 zusammen mit seiner Mutter eintraf, mußte er die ungewohnte Erfahrung machen, als Musiker nicht akzeptiert zu werden.

Dabei fing der Parisaufenthalt recht vielversprechend an: Baron Grimm vermittelte wie einst wichtige gesellschaftliche Kontakte, Freunde aus Mannheim führten ihn mit bekannten Persönlichkeiten der Pariser Musikszene zusammen, Mozart erhielt Angebote, Symphonien und Opern zu schreiben, erste Schüler stellten sich ein, und die Mutter konnte bald nach Salzburg berichten: *Der Wolfgang ist hier wieder so berühmt und beliebt, daß es nicht zu beschreiben ist.* Doch dann stellten sich Rückschläge über Rückschläge ein, die Schüler erwiesen sich als dumm und schlecht zahlend, die Opern kamen nicht zustande, einige seiner Auftragskompositionen wurden zwar aufgeführt, aber nur mit mäßigem Erfolg und unter Verschweigung seines Namens. Einzige Ausnahme bildete die Aufführung seiner »Pariser Symphonie« (KV 297) am 18. Juni, von der selbst die Pariser hingerissen waren. Mozart genoß diesen Erfolg:
Ich ging also gleich nach der Sinfonie ins Palais Royal - nahm ein gut Gefrorenes - betete den Rosenkranz, den ich versprochen hatte - und ging nach Hause.

Einziger Erfolg in dieser Zeit war die Aufführung der »Pariser Symphonie« am 18. Juni 1778.

Von dem Ballettmeister Noverre, den sich Königin Marie Antoinette aus Wien mitgebracht hatte, erhielt Mozart das Angebot, zwei Opern und eine Ballettmusik zu komponieren. Die Opernprojekte zerschlugen sich jedoch bald, nur die Musik zu dem Ballett »Les Petits Riens« kam zur Aufführung. Mozart hatte aber inzwischen auch die Erfahrung machen müssen, daß die meisten Pariser Musik allenfalls als Geräuschkulisse für andere Beschäftigungen zu schätzen wußten. »So bin ich unter lauter Viecher und Bestien, was die Musik anbelangt. Wie kann es aber anders sein, sie sind ja in all ihren Handlungen, Leidenschaften und Passionen auch nichts anders«.

Paris zeigte sich Mozart und seiner Mutter nicht gerade von der besten Seite. »Was meine Lebensart betrifft, ist solche nicht gar angenehm, ich sitze den ganzen Tag allein im Zimmer wie in Arrest, welches noch dazu so dunkel ist und in ein kleines Höfel geht, daß man den ganzen Tag die Sonne nicht sehen kann, und nicht einmal weiß, was es für ein Wetter ist, mit harter Mühe kann ich bei einfallendem Licht etwas weniges stricken, und für dieses Zimmer müssen wir das Monat 30 Liver zahlen. Der Eingang und die Stiege ist so eng, daß es unmöglich wäre, ein Klavier hinaufzubringen. Der Wolfgang muß also außer Haus ... komponieren, weil dort ein Klavier ist, ich sehe ihn also den ganzen Tag nicht und werde das Reden völlig vergessen. Meine Kost vom Traiteur ist auch superb, für 15 Sous zu Mittag bekomme ich 3 Speisen, erstlich eine Suppe mit Krutter, die ich nicht mag, 2ten ein Bröckel schlechtes Fleisch, 3ten etwas von einem Kalbsfuß in einer schmutzigen Brühe oder eine steinharte Leber«, berichtet Mutter Mozart ihrem Mann nach Salzburg. Auch wenn sie bald darauf eine etwas bessere Wohnung bekamen, so blieben die Geldsorgen.

Für den Duc de Guines, der »unvergleichlich die Flöte spielt«, und dessen »manifique« Harfe spielende Tochter komponierte Mozart ein Konzert für Harfe und Flöte, mußte aber lange auf die Bezahlung warten. Die Begeisterung für die gnädigen Herrschaften ließ nicht nur wegen der schleppenden Bezahlung nach, sondern das Fräulein de Guines, dem Mozart auf Wunsch ihres Vaters Kompositionsunterricht erteilte, erwies sich recht bald als dumm, faul und verzogen.

Während Mozart in der Nacht vom 3. zum 4. Juli diesen Bericht für die in Salzburg Daheimgebliebenen verfaßte, war seine Mutter im Nachbarzimmer schon am Abend um *10 Uhr 21 Minuten* gestorben. Jedoch nicht die Todesnachricht teilt er der Familie mit, sondern bereitete sie nur darauf vor, daß mit dem Ableben der Mutter gerechnet werden müsse. In der gleichen Nacht schreibt er in einem zweiten Brief an den Salzburger Familienfreund Abbé Bullinger die Wahrheit und bittet ihn, dem Vater und der Schwester die traurige Nachricht zu überbringen. Wenige Tage später gibt er dem Vater als Erklärung für dieses merkwürdige Verhalten an, er habe es nicht übers Herz bringen können, *sie sogleich mit dieser schrecklichen Nachricht zu überraschen.*

Es ist das erste Mal in Mozarts Leben, daß er den Todeskampf eines geliebten Menschen miterlebt, und fast herzlos klingt es, wenn er sechs Tage nach dem Tod seinem Vater schreibt: *Ich habe Schmerzen genug empfunden, habe genug geweint - was nutzte es aber? - ich mußte mich also trösten.* Aus der Art und Weise, wie er sich tröstete, spricht aber eine tiefe Religiosität - in dieser Situation sicher keine Phrase - und eine gewaltige Portion erwachsener Gelassenheit, die beweist, daß Mozart beileibe nicht der Clown war, als den er sich oft und gern präsentierte. *Ich habe mich ganz dem Willen Gottes ergeben ... ich bin getröstet ... weil ich weiß, daß es Gott, der alles, wenn es uns noch so quer vorkommt, zu unserem Besten anordnet, so haben will; denn ich glaube, und dieses lasse ich mir nicht ausreden, daß kein Doktor, kein Mensch, kein Unglück, kein Zufall einem Menschen das Leben geben noch nehmen kann, sondern Gott allein - das sind nur die Instrumente, derer er sich größtenteils bedient.*

Nach der Beerdigung der Mutter zog Mozart zu Baron Grimm, der ihm die letzten Monate seines Parisaufenthalts noch gründlich vergällte, indem er ihm vorwarf, an seinem Scheitern selbst schuld zu sein, weil er nicht genug Klinkenputzen gehe und den Pariser Karrierezirkus, der nur mit viel Speichelleckerei funktionierte, nicht mitmache. Mozart reagierte nicht, wartete weiter ohne Erfolg, daß die Pariser von selbst zu ihm kämen und war todunglücklich.
Der Vater setzte derweil in Salzburg alles daran, um den Sohn wieder nach Haus zu locken. Fürsterzbischof Colloredo hatte sich bereit erklärt, seinen abtrünnigen Konzertmeister wieder einzustellen, sogar mit dreifachem Gehalt und besseren Arbeitsbedingungen. Mozart grauste vor der Aussicht, als geschlagener Krieger in das verhaßte Salzburg zurückkommen zu müssen, sah aber auch keinen besseren Ausweg und fügte sich resigniert den väterlichen Wünschen. Nach sechsmonatigem Aufenthalt verließ er Ende September 1778 Paris. Drei Monate gelang es ihm auf der Fahrt, die schmachvolle Rückkehr hinauszuzögern, erst Anfang 1779 kam er, nachdem sein Vater in den Briefen massiv und ausfallend geworden war, in Salzburg an.

Ende September 1778 verließ Mozart todunglücklich und niedergeschlagen diese Stadt, in der seine Träume von Ehre und Ruhm gescheitert waren.

Dem geregelten Kleinstadtleben, das sein Vater und seine Schwester führten, konnte Mozart nichts abgewinnen. In dem hinter dem Schloß Mirabell gelegenen Park pflegten die Mozarts oft einen Abendspaziergang zu machen. »um 7 Uhr im Mirabellgarten, wie man im Mirabellgarten spazieren geht, spazieren gegangen wie man spazieren geht, gegangen, wie man geht«, kommentiert Mozart spöttisch die Monotonie des Salzburger Alltags.

Ein widerspenstiger Hofmusikus

Scheinbar begann am Hannibalplatz wieder das alte Leben, doch nur scheinbar, denn Mozart war spätestens auf dieser Reise erwachsen geworden. Der Vater hatte einen letzten Sieg über den Sohn errungen, als er den 23jährigen mit moralischem Zwang ins Elternhaus zurückgeholt hatte, mußte dafür aber den nicht vorausgesehenen Preis zahlen, daß sich sein Sohn ihm zwar äußerlich gebeugt, innerlich aber entfremdet hatte.

Und erneut holte Mozart die Banalität des Salzburger Alltags ein. Freunde der Familie gingen im Tanzmeisterhaus ein und aus, Gegenbesuche fanden statt, Bölzlschießen und Kegelschieben gehörten ebenso zur Tagesordnung wie die täglichen Spaziergänge mit Vater, Schwester und Freunden, was *Pimperl* - der Familienhund - mehr genossen haben dürfte als Wolfgang, dem diese belanglosen Aktivitäten vielleicht eine kurzfristige Ablenkung verschafften, ihn aber auf die Dauer ebenso anödeten wie seine Tätigkeit für seinen Dienstherrn. Hatte Colloredo sich zwar als recht kulant gegenüber seinem widerspenstigen Kapellmeister gezeigt und ihn wieder in seinen Dienst genommen, so bot der unmusische Fürsterzbischof Mozart nach wie vor keine Gelegenheit, seine Träume vom Musikerleben in Salzburg zu verwirklichen. Im Herbst 1780 machte endlich ein neuer Opernauftrag aus München der sich über eindreiviertel Jahre hinziehenden Monotonie ein Ende. Anfang November reiste Wolfgang - diesmal ohne Familienanhang - nach München, um die Proben zu seiner Oper »Idomeneo« zu überwachen und die Premiere am 29. Januar 1781 zu dirigieren, wobei er hemmungslos seinen Urlaub um mehrere Wochen überzog.

Zu seinen Pflichten als Hoforganist in fürsterzbischöflichen Diensten gehörte es auch, Kirchenmusik zu komponieren und einzustudieren.

1780 entstand die »Missa Solemnis in C-Dur«.

Ein Lichtblick in dieser trostlosen Zeit war das Gastspiel der Schikanederschen Schauspielgesellschaft im Herbst 1780, mit deren Prinzipal, Emmanuel Schikaneder, Mozart schnell gut bekannt war. Die Freundschaft beschränkte sich jedoch nicht nur auf das Theater, wo Vater Mozart, Nannerl und Wolfgang jeden Abend freien Zugang hatten, sondern man traf sich auch privat beim Kegelschieben und Bölzlschießen. Nicht nur Mozart schätzte den neuen Freund, sondern auch Leopold und Nannerl waren von ihm angetan und nahmen ihn in ihre »Bölzlschützenkompanie« auf. Der Herr auf dieser Bölzlscheibe soll Schikaneder auf dem Wege zu einer seiner Lieblingsbeschäftigungen darstellen, denn seine Vorliebe für das weibliche Geschlecht war auch den Salzburgern nicht entgangen.

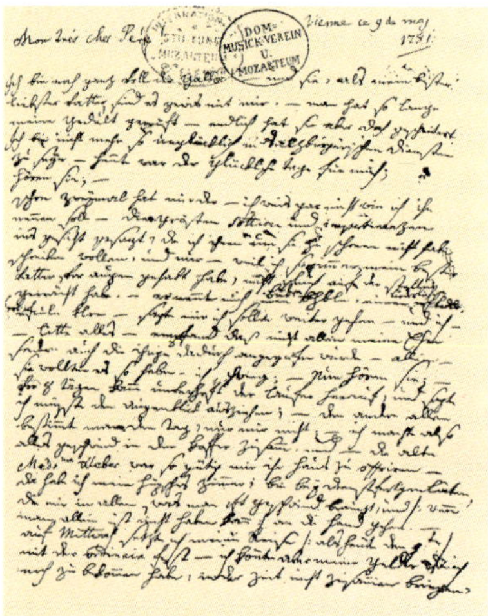

»Ich bin noch ganz voll der Galle!« beginnt Mozarts Brief an den Vater, in dem er Leopold seine Version des Gesprächs mit Colloredo mitteilt sowie seinen endgültigen Entschluß, die Kündigung einzureichen.

Erbost zitierte ihn sein Arbeitgeber im März direkt nach Wien, wo er mit seinem Hofstaat weilte, damit er dort gefälligst der Arbeit nachgehe, für die er ihn schließlich bezahle. Noch berauscht von seinen Münchner Erfolgen stieß es Wolfgang nur zu übel auf, im Gefolge des Fürsterzbischofs wieder wie ein Lakai behandelt zu werden, dem nur die zweifelhafte Ehre gegönnt war, an der Dienstbotentafel noch vor den Köchen plaziert zu sein. Mozart faßte wohl sehr schnell den Entschluß, in Wien zu bleiben. Bereits Mitte April bittet er den Vater um seine Entscheidung, ob er noch ferner in Salzburg seine jungen Jahre und sein Talent vergraben solle oder sein Glück in Wien machen dürfe. Der Vater bestand - wohl entgegen Mozarts Erwartungen - auf seiner Rückkehr nach Salzburg und bemühte sich - allerdings erfolglos - ihm die vermeintlichen Flausen auszureden.

Indessen knüpfte Wolfgang, gegen Colloredos Verbot verstoßend, munter gesellschaftliche Kontakte, lernte die wichtigsten Wiener Theaterleute kennen und wäre am liebsten direkt zum Kaiser gegangen, um auf sich aufmerksam zu machen. Als Colloredo Wolfgangs Abreisetag festsetzte, dachte dieser gar nicht daran, zu gehorchen. Vom Fürsterzbischof daraufhin am 9. Mai zur Rede gestellt, kam es zu einem erregten Wortwechsel. Laut Mozarts Bericht habe Colloredo ihn einen Lumpen, Lausbub und liederlichen Burschen geheißen, ihm zum Schluß die Tür gezeigt und dabei erklärt, er wolle *mit einem solchen elenden Buben nichts mehr zu tun haben,* worauf Mozart schlagfertig antwortete, *und ich mit Ihnen auch nichts mehr* und wutschnaubend den Raum verließ.

Hätte ihm Colloredo wirklich so übel mitspielen wollen, wie Wolfgang behauptete, hätte er ihn spätestens nach diesem Gespräch wegen Beleidigung der Obrigkeit streng bestrafen lassen können. Der Fürsterzbischof beschränkte sich aber darauf, Mozarts tags darauf eingereichte schriftliche Kündigung zu ignorieren.

Vier Wochen wußte nun Mozart nicht, ob er ohne fürsterzbischöfliche Sanktionen in Wien bleiben könnte, vier Wochen lang bombardierte ihn der Vater, die Kündigung wieder zurückzunehmen und seinen gesicherten Dienst nicht aufzugeben, vier Wochen lang bemühte Wolfgang sich, dem Vater klarzumachen, daß er in Wien 100 mal bessere Chancen als daheim habe. Graf Arco, ein hoher Salzburger Hofbeamter, versuchte im Sinne des Vaters, Mozart zu einer Rücknahme seiner Entscheidung zu bewegen, vergeblich: Wolfgang blieb stur. Als Mozart mit einem neuen Entlassungsgesuch am 9. Juni 1781 das Vorzimmer Colloredos betrat, erreichte er mit seiner arroganten Tour, daß auch dem Grafen Arco die Geduld riß und er den aufsässigen Hofmusikus mit einem - nur von Mozart selbst überlieferten - *Tritt in den Hintern* hinauswarf. Mozart war nun frei - befreit von seinen Dienstverpflichtungen gegenüber dem verhaßten Fürsterzbischof und befreit von der väterlichen Aufsicht und Bevormundung.

Seine Heimatstadt sollte ihn nur noch einmal wiedersehen, als er Ende Juli 1783 - mittlerweile in Wien etabliert und recht erfolgreich - auf vier Monate zusammen mit seiner Constanze nach Salzburg kam, um seine junge Frau der Familie und den Salzburger Freunden - und umgekehrt - vorzuführen.

Wien erschien Mozart in einem verklärten Licht als ein musikalisches El Dorado, in dem er befreit von den Salzburger Zwängen endlich Karriere machen wollte.

Erste Schritte auf dem Wiener Parkett

Den heißen Sommer über war Mozart mehrmals bei Graf Cobenzl zu Gast auf dessen Sommersitz. »Das ist eine Stunde weit von Wien ... Es heißt Reisenberg, ich war schon einmal über Nacht hier und jetzt bleib ich etwelche Tage. Das Häuschen ist nichts, aber die Gegend! Der Wald, worinnen er eine Grotte gebaut, als wenn sie so von Natur wäre. Das ist prächtig und sehr angenehm.«

Hatte Wolfgang, um vom Vater die Erlaubnis zu erhalten, in Wien bleiben zu können, diesem vorgerechnet, daß er sich mit allein zwei Schülern in Wien finanziell besser stehe als zu Haus mit dem fürsterzbischöflichen Gehalt, ganz zu schweigen von den Einkünften aus seinen Konzerten, so sah seine finanzielle Lage im Sommer 1781 doch noch nicht ganz so rosig aus. Zwar hatte er recht schnell mehrere wohlhabende Schülerinnen, denen er pro Stunde 2 1/4 Gulden in Rechnung stellte, er mußte nun seinen Lebensunterhalt aber selbst bestreiten und schickte anfangs auch noch regelmäßig Geld nach Hause. Den heißen Sommer verbrachten die meisten konzertinteressierten Wiener außerhalb der Stadt, so daß Mozart auch nicht, wie er geplant hatte, gleich mit Akademien seine Einkünfte sprunghaft steigern konnte, sondern es blieb ihm zunächst nur übrig, in Hinblick auf die kommende Wintersaison eifrig zu komponieren.

Mitte April hatte der Sohn dem Vater schon mitgeteilt, daß Gottlieb Stephanie, einer der Regisseure am Burgtheater, ihm versprochen habe, ihm bald ein Stück zum Vertonen zu geben. Auch dem kaiserlichen Hofintendanten Orsini-Rosenberg hatte Wolfgang, während er noch auf seine Entlassung wartete, zwei Besuche abgestattet und ihn Kostproben aus dem »Idomeneo« hören lassen. Mit Erfolg: Orsini-Rosenberg gab im Juni den Auftrag, Mozart ein Libretto auszuhändigen, was Stephanie Ende Juli tat. Das Stück, ein deutsches Singspiel, *ist ganz gut, das Sujet ist türkisch und heißt: Bellmont und Konstanze oder die Verführung aus dem Serail.* Die Freude über diesen Auftrag war so groß, daß Mozart *mit der größten Begierde* zu seinem Schreibtisch eilte und *mit größter Freude dabei sitzen* blieb.

Innerhalb weniger Tage waren zwei Arien und ein Terzett fertig, denn Mozart stand unter großem Zeitdruck, weil die Oper bereits am 7. September 1781 anläßlich eines Staatsbesuches aufgeführt werden sollte. Der Termin wurde dann aber verschoben, und Wolfgang hatte Muße, seine *Opera mit mehr Überlegung zu schreiben.* Am 16. Juli 1782 fand die Premiere der »Entführung aus dem Serail« am Burgtheater statt, und der Erfolg wuchs von Aufführung zu Aufführung. Schon bald stand Mozarts »Entführung« auch auf den Spielplänen anderer Bühnen in In- und Ausland, was ihm zwar keine weiteren Einnahmen bescherte, aber seinen Ruhm vermehrte.

Türkische Sujets auf der Opernbühne waren damals überaus beliebt, weder ein Gluck noch ein Josef Haydn ließen sich den Auftrag für eine »türkische« Oper entgehen, und nun war Mozart an der Reihe.

Hatte ihn der Opernauftrag über die flauen Sommermonate hinweggetröstet, so lief ab Herbst 1781 das Musikgeschäft allmählich an. Mozarts Auftritte beschränkten sich zunächst auf Privatakademien bei mehreren adligen Gönnern, darunter auch bei der Gräfin Thun, in deren vielbesuchtem Salon Wolfgang die besten Möglichkeiten hatte, wichtige Kontakte anzuknüpfen. Zu einem viel- und gerngesehenen Gast im Hause Thun gehörte nämlich auch Joseph II., und es ist nicht auszuschließen, daß Mozart dort mit dem Kaiser zusammenkam. Am 24. Dezember 1781 wurde er jedenfalls zu einem Wettspiel mit dem Pianisten Muzio Clementi, *ein blosser Mechanismus* nach Wolfgangs Meinung, in die Hofburg geladen und bekam vom Kaiser als Anerkennung 225 Gulden überreicht.

Mit viel Überlegung arbeitete Mozart an der musikalischen Charakterisierung seiner Opernfiguren. Von der dichterischen Qualität der Verse seines Librettisten Stephanie war er nicht sonderlich überzeugt, »doch ist die Poesie dem Charakter des dummen, groben und boshaften Osmin ganz angemessen ... so passend mit meinem musikalischen Gedanken«. »Der Zorn des Osmin wird dadurch in das Komische gebracht, weil die Türkische Musik dabei angebracht ist ... und da sein Zorn immer mehr wächst, so muß - da man glaubt, die Aria sei schon zu Ende - das Allegro Assai ganz in einem anderen Zeitmaß und in einem andern Ton eben den besten Effekt machen; denn ein Mensch, der sich in einem so heftigen Zorn befindet, überschreitet alle Ordnung, Maß und Ziel, er kennt sich nicht - so muß sich auch die Musik nicht mehr kennen. Weil aber die Leidenschaften, heftig oder nicht, niemals bis zum Ekel ausgedrückt sein müssen, und die Musik auch in der schaudervollsten Lage das Ohr niemalen beleidigen, sondern doch dabei vergnügen muß, folglich allzeit Musik bleiben muß, so habe ich keinen fremden Ton zum F, zum Ton der Aria, sondern einen befreundeten dazu ... A minor gewählt.«

Mozarts Hoffnungen, am Hofe als Musiklehrer der Prinzessin Elisabeth von Württemberg angestellt zu werden, zerschlugen sich trotz des kaiserlichen Wohlwollens im Frühjahr 1782, ebenso scheiterten seine Bemühungen, bei Fürst Liechtenstein und bei Erzherzog Maximilian eine feste Stelle zu erhalten. Vermutlich war Mozart aber, nachdem er gerade der Salzburger *Sklaverei* entronnen war, auch gar nicht so sehr auf eine feste Anstellung mit entsprechenden Verpflichtungen erpicht, sondern genoß das freie ungebundene Leben, was er gegenüber seinem besorgten Vater, der sich genügend über seinen Wiener Lebenswandel beklagte, nicht so recht zugeben konnte.

Im März 1782 gab Mozart sein erstes, gut besuchtes öffentliches Konzert, weitere folgten ab Mai im Augarten, einer beliebten Ausflugsstätte vor den Toren Wiens - und spätestens im Juli 1782, nach der erfolgreichen Premiere der »Entführung«, war er in Wien allgemein bekannt. Mozart durfte berechtigte Hoffnungen hegen, in dieser Stadt als Virtuose, Komponist und Musiklehrer sein Auskommen zu finden. Anfang August, nach der Premiere seiner »Entführung «, heiratete er Constanze Weber.

Mozart hatte die am 5. Januar 1762 geborene Constanze Weber erstmals 1777 in Mannheim kennengelernt, sie aber kaum beachtet, da er nur Augen für ihre Schwester Aloysia hatte. Anders 1781, als er im Mai im »Auge Gottes« bei ihrer Mutter zur Untermiete einzog und von den drei in ihrem Haushalt lebenden Töchtern umsorgt wurde. Im Dezember des gleichen Jahres teilte er seinem Vater seine Heiratsabsichten mit. Um dem Vater seine Wahl schmackhaft zu machen, führt der Sohn als wichtigstes Argument an: *Die Natur spricht in mir so laut wie in jedem andern, und vielleicht lauter als in manchem großen, starken Lümmel* und ich habe *zu viel Liebe zu meiner Gesundheit, als daß ich mich mit Huren herumbalgen könnte.* Außerdem brauche er jemanden, der ihm den Haushalt führe und ganz

Joseph II. schätzte keine großen höfischen Veranstaltungen, liebte es aber sehr, abends als »Privatmann« musikalische Soireen, wie sie zum Beispiel die Gräfin Thun oft gab, zu besuchen.

Im Stephansdom heiratete Mozart seine Constanze am 4. August 1782.

zum Schluß erwähnt er noch, daß er Constanze liebe und sie ihn auch. Begeistert war der Vater keineswegs von der Wahl seines Sohnes, sondern sträubte sich lange, bevor er seine Einwilligung gab. Die Ereignisse überschlugen sich zuletzt. Während Mozart noch versuchte, seinen Vater von den Qualitäten seiner Braut zu überzeugen, floh Constanze aus der mütterlichen Wohnung zu einer Gönnerin Mozarts und kompromitierte sich derartig durch dieses Verhalten, daß Mozart es nun für seine Ehrenpflicht hielt, sie so schnell wie möglich zu heiraten. Am 4. August 1782 führte er seine Constanze zum Traualtar, und das junge Glück bezog im *Groshaubtischen Haus No 387* eine kleine Wohnung im III. Stock.

Es geht nichts über Familie

Um 1780 entstand in Salzburg das »Familienportrait« der Familie Mozart. Nannerl und Wolfgang sitzen am Klavier, dem Instrument, das für beide »die Welt bedeutete«, während der Vater seine Geige in der Hand hält. Die 1778 verstorbene Mutter ist zumindest im Bilde an der Wand präsent.

Ging Mozart in die Nachwelt als musikalisches Genie ein, so wird er als Mensch in der Literatur oft als ein großes Kind abgehandelt, eine Einschätzung, die - bei aller Ernsthaftigkeit, die Mozart in schweren Stunden bewies - nicht ganz unberechtigt sein dürfte. Mozart hat nie lange Zeit allein leben müssen, sondern ihm standen immer Familienmitglieder zur Seite, die ihn zumindest vor einem Teil des banalen Alltags abschirmten und für ihn mitdachten. Gerade im Mitdenken anderer liegt ein Grund für seine Unselbständigkeit in vielen Lebensbereichen, gerade dieses Mitdenken schuf aber erst eine Basis für seine musikalische Entfaltung und immense Produktion.

Sicher war das Familienleben nicht immer frei von Konflikten, Spannungen und Streß, vor allem nach seiner widerwilligen Rückkehr aus Paris in den väterlichen Haushalt, aber die Familie bot ihm auch eine seelische Geborgenheit, auf die der liebesbedürftige Mozart angewiesen war. Selbst nach seinem Fortgang aus dem Vaterhaus suchte er nicht die innere Selbständigkeit und Unabhängigkeit, sondern fand in dem Weber-Clan sofort eine Ersatzfamilie, die sich um seine leiblichen Belange kümmerte. Kurz darauf gründete er selbst eine Familie, die ihm gewiß auch viele Sorgen bereitete, ihm aber wieder einen Personenverband bieten konnte, zu dem er fest dazugehörte.

Leopold Mozart wäre vielleicht als mittelmäßiger Komponist in die Annalen der Musikgeschichte eingegangen, Mutter Mozart, Nannerl und Constanze wären nie der Nachwelt bekanntgeworden, wenn sie nicht durch ihr Zusammenleben mit Mozart dessen Persönlichkeit und Leben mitgeformt hätten, ebenso wie das Genie in ihrer Mitte ihr Leben entscheidend beeinflußte.

Die Mutter, eine Randfigur

Über das Verhältnis zwischen Mozart und seiner Mutter Anna Maria ist relativ wenig bekannt, obwohl sie immerhin 22 Jahre lang sein Leben begleitete. Während die Briefe ihres Sohnes und ihres Mannes weitgehend aufbewahrt wurden, sind nur wenige schriftliche Äußerungen von ihr überliefert. Neben dem ehrgeizigen und strengen Vater bot sie in ihrer gemütvollen Art den Ausgleich, der das emotionale Fundament für die unglaublichen Leistungen ihres Sohnes schuf.

Anna Maria Mozart, geb. Pertl, Mozarts Mutter.

1720 in St. Gilgen als Tochter des Juristen Wolfgang Nikolaus Pertl geboren, zog die Mutter 1724 nach dem Tode ihres Gatten nach Salzburg. Da die Witwe Pertl nur eine schmale Pension bezog, lernte Anna Maria zwar gründlich eine Haushaltswirtschaft zu führen, konnte aber keine Mitgift bieten, was ihre Chancen auf dem Heiratsmarkt erheblich verschlechterte. Mit 27 Jahren, für damalige Verhältnisse schon eine alte Jungfer, heiratete sie Leopold Mozart. Das Paar kannte und liebte sich wohl schon seit längerer Zeit, wartete aber mit dem Ehestand, bis Leopold eine feste, wenn auch kärglich besoldete Anstellung am Salzburger Hof erhalten hatte, die es ihm erlaubte, eine Familie zu ernähren.

Ihrem Mann bildungsmäßig weit unterlegen und sicher ohne intellektuelle Ambitionen, verfügte sie im Gegensatz zu ihrem leicht zur Pedanterie, Nörgelei und Sarkasmus neigenden Mann über eine ausgesprochen heitere Frohnatur mit viel Lust an derben und sinnlichen Späßen, die ihr Sohn wohl von ihr übernahm - ebenso wie ihr Harmoniebedürfnis, ihre Gutmütigkeit und ihre Vertrauensseligkeit.

Innerhalb von neun Jahren überstand Anna Maria sieben Geburten, aber nur zwei Kinder überlebten. Bestimmt wurde das Nesthäkchen Wolfgang von Anfang an etwas mehr als das Nannerl verwöhnt, aber ab dem vierten Lebensjahr galt es auch, ein seelisches Klima zu schaffen, das dem Knaben trotz der Anspannungen und des Trainings, das der Vater seinem Sprößling abforderte, zumindest ein Minimum an Kindheit und Kind-sein-dürfen gewährte.

Ebenso klaglos, wie sie sich ihrem oft ungerechten und egoistischen Mann unterwarf, beugte sie sich seinen ehrgeizigen Plänen. Sorgte sie in Salzburg für einen reibungslosen Ablauf des Haushalts, so wurden Anna Marias hausfrauliche Fähigkeiten auf den Reisen noch ganz anders gefordert. Ständig unterwegs, in fremden Unterkünften, der Landessprache nicht mächtig, kümmerte sie sich um das leibliche Wohl ihrer Familie und schaffte es, daß Nannerl und Wolfgang nur selten vom Heimweh nach Salzburg geplagt wurden.

Bei aller Erziehung zum Wunderkind dürfte Mozarts Mutter dafür gesorgt haben, daß dem Knaben im Tagesablauf auch genügend Zeit für kindliche Spiele blieb.

Hart kam es sie an, als der Vater ihr den 13jährigen Jungen nach Italien entführte und sie ihn gerade in den schwierigen Jahren der Pubertät nur noch zeitweise zu Hause haben durfte. Überfordert war sie schließlich, als sie den 21jährigen als »Vaterersatz« auf seiner Parisreise begleitete. Ihrer Autorität schon längst entwachsen, schlug Mozart - erstmals ohne väterliche Aufsicht - auf dieser Reise über die Stränge, und seine Mutter mußte zusehen, wie sich der Sohn zunehmend von ihr entfernte. Vielleicht auch als eine Folge der innerlichen Kälte, die durch diese Entfremdung entstand, und die offenkundige Einsamkeit, unter der sie litt, erkrankte sie schwer. Am 3. Juli 1778 starb Mozarts Mutter im Beisein ihres geliebten Sohnes weit fern von ihrem geliebten Gatten und ihrem geliebten Salzburg im fremden Paris.

Der allerliebste Papa, eine Hauptfigur

Während Wolfgangs und Nannerls Mutter Anna Maria eher unauffällig das Leben der beiden begleitete, beeinflußte Leopold Mozart sowohl das Leben seines genialen Sohnes als auch das seiner talentierten Tochter entscheidend, ob immer zum Guten, ist allerdings fraglich.

Nach Gott kommt gleich der Papa: das war als Kind mein Wahlspruch oder Axioma, und bei dem bleib ich auch noch, schrieb Mozart seinem Vater 1778 aus Mannheim zu einem Zeitpunkt, als Vater und Sohn überhaupt nicht ein Herz und eine Seele waren, sondern Wolfgang erstmals den Aufstand gegen die väterliche Bevormundung probte. Bis dato hatte er sich willigst seiner Autorität unterworfen und von klein auf dessen Wünsche und Ansprüche an ihn zu eigenen Selbstanforderungen gemacht.

Für den Vater wurde die Karriere seines Sohnes, sobald er dessen musikalisches Genie erkannt hatte, zum Ziel und Zweck seines eigenen Lebens, dem er alles andere unterordnete. Frau und Tochter gehörten zwar weiterhin dazu, gerieten aber oft genug in die Rolle von Statisten, denn wichtig war dem Vater nur, welche Erfolge das Wolferl erlangte.

Leopold selbst galt als überdurchschnittlich gebildeter und geistig aufgeschlossener Mann. Als Sohn eines Buchbinders 1719 in Augsburg geboren, hatte er, von der Familie wohl für die geistliche Laufbahn bestimmt, eine gründliche Schulausbildung am dortigen Jesuitenkolleg erhalten und war 17jährig nach Salzburg gekommen, um an der Alma Benedectina, der Salzburger Universität, nach eigenen Angaben Jura und Philosophie zu studieren. Nach dem ersten Studienjahr noch öffentlich für seine Leistungen ausgezeichnet, wurde er nach dem zweiten Jahr wegen mangelnden Studieneifers der Universität verwiesen. Vielleicht war

»Meiner väterlichen Sonne, die durch wohltätige Einflüsse mich plötzlich aus der harten Finsternis meiner Not herausgerissen und zum Horizont meines Glücks geleitet hat«, schrieb Leopold in der Widmung, die er seinen ersten auf eigene Kosten veröffentlichten Kompositionen voranstellte. Diese Widmung an seinen damaligen Arbeitgeber wird von vielen Mozartforschern dahingehend interpretiert, daß der Salzburger Domherr Graf Thurn-Valsassina und Taxis Leopold Mozart von großen Existenzsorgen, die ihn zum Abbbruch seines Studiums gezwungen hatten, befreite, als er ihn als Kammerdiener in seine Dienste nahm.

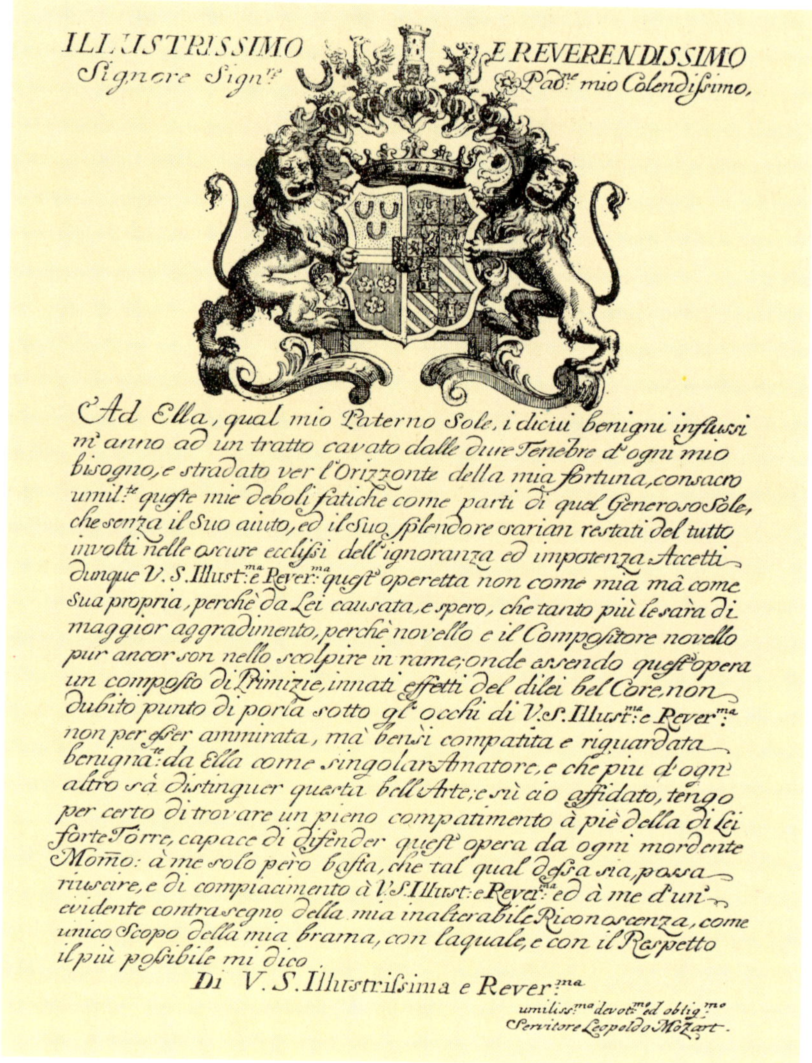
ILLUSTRISSIMO E REVERENDISSIMO
Signore Sign.re Pad.ne mio Colendissimo,

Ad Ella, qual mio Paterno Sole, i diciui benigni influssi m'anno ad un tratto cavato dalle dure Tenebre d'ogni mio bisogno, e stradato ver l'Orizzonte della mia fortuna, consacro umil.te queste mie deboli fatiche come parti di quel Generoso Sole, che senza il Suo aiuto, ed il Suo splendore sarian restati del tutto involti nelle oscure ecclissi dell'ignoranza ed impotenza Accetti dunque V. S. Illust.ma e Rever.ma quest'operetta non come mia mà come Sua propria, perchè da Lei causata, e spero, che tanto più le sarà di maggior aggradimento, perchè novello e il Compositore novello pur ancor son nello scolpire in rame; onde essendo quest'opera un composto di Primizie, innati effetti del dilei bel Core, non dubito punto di porla sotto gl'occhi di V. S. Illust.ma e Rever.ma non per esser ammirata, mà bensì compatita e riguardata benigna.te da Ella come singolar Amatore, e che piu d'ogn'altro sà distinguer questa bell'Arte; e sù ciò affidato, tengo per certo di trovare un pieno compatimento à piè della di Lei forte Torre, capace di difender quest'opera da ogni mordente Momo: à me solo però basta, che tal qual dessa sia, possa riuscire, e di compiacimento à V. S. Illust.ma e Rever.ma ed à me d'un'evidente contrasegno della mia inalterabile Riconoscenza, come unico Scopo della mia brama, con laquale, e con il Respetto il più possibile mi dico

Di V. S. Illustrissima e Rever.ma

umiliss.mo devot.mo ed oblig.mo
Servitore Leopoldo Mozart.

ihm das Geld zum Studium ausgegangen, denn 1740 stand er als Kammerdiener in den Diensten des Domherrn Graf Thurn-Valsassina und Taxis, dem er seine ersten Sonaten widmete. Vielleicht hatte er aber auch seine Neigung zur Musik entdeckt, denn 1743 erlangte er eine Anstellung als vierter Violinist in der Salzburger Hofkapelle. Neben zahlreichen Kompositionen veröffentlichte er 1756 eine Violinschule, die in ihm einen ausgezeichneten Musikpädagogen erkennen ließ, eine Begabung, die er dann ausführlich seinem Sohn zugute kommen ließ. Über die Stelle eines Salzburger Vice-Kapellmeisters brachte er es aber zu seinem Leidwesen in seiner persönlichen Karriere nie hinaus.

Versuch
einer gründlichen
Violinschule,
entworfen
und mit 4. Kupfertafeln sammt einer Tabelle
versehen
von
Leopold Mozart
Hochfürstl. Salzburgischen Cammermusikus.

In Verlag des Verfassers.

Augspurg,
gedruckt bey Johann Jacob Lotter, 1756.

Im Geburtsjahr seines Sohnes veröffentlichte Leopold Mozart seine »Violinschule«, die ihn als ausgezeichneten Musikpädagogen und Musiktheoretiker auswies.

Leopolds Einsatz für seinen Sohn wird höchst zwiespältig beurteilt. Durch seine systematische und gründliche Erziehung hat er dem jungen Genie das notwendige virtuose und kompositorische Handwerkszeug vermittelt, um seine überschäumende musische Phantasie in geregelte Formen zu gießen. Ohne ihn wäre Mozarts Leben sicherlich auch im schöpferischen Sektor anders verlaufen. Leopold gab selbst als Hauptbeweggrund für den Rummel, den er mit Wolfgang veranstaltete, an: *ich bin diese Handlung dem allmächtigen Gott schuldig, sonst wäre ich die undankbarste Kreatur,* er fühle sich Gott gegenüber verpflichtet, das *von Gott* seinem Sohn *zugeworfene außerordentliche Talent* ins rechte Licht zu setzen. Unterschwellig und vielleicht unbewußt verschaffte er sich aber durch die Vermarktung seines genialen Sohnes eine Karriere, die ihm als Musiker selbst verwehrt geblieben war. Wie so oft sollte aus dem Sohn das werden, was die Väter für sich selbst erträumt, aber nicht erreicht hatten.

Klar zutage trat dieses egoistische Motiv aber erst, als Wolfgang versuchte, eigene Wege zu gehen, die nicht mit den Vorstellungen seines Vaters übereinstimmten. Vermutlich auch aus seinem biographischen Werdegang heraus legte Leopold stets großen Wert auf eine gesicherte bürgerliche Existenz und konnte Wolfgangs Wagemut zu einem freien und ungebundenen Künsterleben nicht nachvollziehen und nicht akzeptieren. Um den Sohn in die von ihm geplanten Bahnen zu zwingen, begann er ihn moralisch zu erpressen, indem er ihm seine eigenen Opfer vorhielt, die er Wolfgangs Ausbildung zuliebe gebracht hätte, und daraus dessen Verpflichtung ableitete, auch weiterhin dem Willen des Vaters zu folgen. Mozart entzog sich zwar diesem Druck, mußte aber dafür eine schmerzliche Entfremdung zu seinem Vater hinnehmen, dem er in aufrichtiger Liebe und Dankbarkeit zugetan war. Noch tiefer wurde die Kluft, als Wolfgang eine Frau ehelichte, die ihm weder standesgemäß noch finanziell zum Vorteil gereichte und nicht in die bürgerliche Vorstellungswelt seines Vaters paßte.

Oberflächlich konnte der Bruch zwar gekittet werden, aber das enge Verhältnis zwischen Vater und Sohn war zerstört. Leopold erlebte zwar noch bei seinem Besuch in Wien 1785, daß sein Sohn als Komponist und Konzertpianist äußerst erfolgreich war, verzieh ihm aber dennoch nicht, daß er seinen Kopf durchgesetzt hatte und ein eigenständiges Leben führte. Mit den Jahren immer mißmutiger und nörgeliger werdend, starb Leopold Mozart verbittert und einsam 67jährig in Salzburg am 28. Mai 1787.

Alt geworden war Leopold Mozart über die Karriere seines Sohnes, mit dessen Alleingang er sich den Rest seines Lebens nicht abfinden konnte. Von Natur aus zum Skeptizismus neigend, wurde er in seinen letzten Lebensjahren immer zynischer und nörgelte an allem, was Wolfgang unternahm, herum. Auch einmal seine eigene Einstellung zu überdenken, kam Leopold dabei allerdings nicht in den Sinn.

Das Nannerl

Maria Anna Walburga Ignatia - kurz Nannerl genannt - wird allgemein in der Mozartliteratur als liebende und geliebte Schwester ohne markante individuelle Persönlichkeitsmerkmale abgehandelt, wobei zumeist vernachläßigt wird, daß sie durch die Existenz ihres genialen Bruders zu einem Schattendasein verurteilt war. Viereinhalb Jahre durfte Nannerl Kronprinzessin spielen, dann wurde sie nach der Geburt Wolfgangs für den Rest ihres Lebens auf ein Nebengleis abgeschoben.

Zunächst wandte der Vater seine pädagogische Sorgfalt auch auf Nannerl an. Ab ihrem achten Lebensjahr bekam sie Klavierunterricht erteilt, für den Leopold eigens ein Notenbuch zusammenstellte; im Gegensatz zu ihrem Bruder wurde sie aber nicht in Kompositionslehre unterrichtet. Nannerl zeigte ein außergewöhnliches virtuoses Talent und machte rasche Fortschritte, mit elf Jahren wurde ihr bescheinigt, daß sie die *schwersten Stücke der größten Meister* mit *erstaunlicher Präzision* spielte, und trotzdem: Es waren bezeichnenderweise nicht Nannerls

Nannerl im Alter von zwölf Jahren. Nach der Rückkehr von der höchst erfolgreichen ersten Wienreise ließen die Eltern im ersten Halbjahr 1763 neben einem Bildnis ihres Sohnes auch ein Portrait von Nannerl anfertigen. Im Gegensatz zu dem Gemälde von Wolfgang wurde jedoch an Nannerls Bildnis kräftig gespart. Nur der Kopf wurde wirklich von dem Maler naturgetreu portraitiert, für den Rest verwendete er eine Schablone und machte sich nicht die kostenintensivere Mühe, Nannerls Kleid und Körperbau realistisch wiederzugeben.

musikalische Fortschritte, sondern die ihres kleinen Bruders, die Vater Mozart begeistert in das Notenbücherl eintrug.
Daß Nannerl bereits in jungen Jahren eine hervorragende Klavierspielerin war, wird allein durch die Tatsache bestätigt, daß Leopold zunächst nicht mit einem Wunderkind, dem Wolferl, sondern mit zwei Wunderkindern auf Tournee ging, wobei die Tochter sehr wohl auch Aufsehen erregte. Aber in Vater Leopolds Briefen führte Nannerl bereits damals ein Schattendasein, immer wieder schreibt er über Wolfgangs Erfolge, kaum, daß Nannerl nebenbei erwähnt wird.

Wollte zwar der Vater wohl hauptsächlich dem Sohn die Welt zeigen und seine Erziehung und Karriere vorantreiben, so lernte doch auch Nannerl auf den Reisen diese Welt kennen. Umso schmerzhafter muß es für sie gewesen sein, als sie 18jährig daheim bleiben mußte und ihr Vater mit dem Bruder allein nach Italien aufbrach und sich nicht weiter um ihre Karriere bemühte.

Während sich Leopold von nun ab nur noch um das Fortkommen seines Sohnes kümmerte, trug Nannerl mit Klavierstunden zum Familienunterhalt bei und führte seit 1777 ihrem Vater den Haushalt, wobei sie auch zumeist noch mehrere seiner Schüler, die bei ihm in Kost und Logis lebten, mitversorgte. Offensichtlich zu sehr in der bürgerlichen Vorstellungswelt ihrer Eltern gefangen und auf die väterliche Autorität fixiert, versuchte Nannerl im Gegensatz zu ihrem Bruder nie - trotz aller pianistischen Begabung und Liebe zur Musik - den Aus- und Aufbruch in eine eigene künstlerische Existenz. Musik war ihr aber ein wichtiges Refugium, dem provinziellen und belanglosen Alltag zu entkommen, und oft genug bat sie ihren Bruder um neue Musikliteratur, um nicht aus der Übung zu kommen.

Kurz nach ihrer Ankunft in Paris im Herbst 1763 ließ Leopold Mozart dieses Aquarell anfertigen. Obwohl Nannerl auf der Tournee nur als Pianistin auftrat und damit sowohl als Solistin als auch als Partnerin ihres Bruders viel Beifall fand, sind es Wolfgang und sein Vater, die dieses Bild beherrschen. Nannerl ist abgedrängt: Halb vom Cembalo verdeckt in einer völlig untypischen Pose als Sängerin wirkt sie wie eine dekorative Statistin - bezeichnend für ihr Schicksal.

Maria Anna Berchtold von Sonnenburg geb. Mozart. Erst 33jährig verließ Nannerl ihr Vaterhaus und heiratete einen 15 Jahre älteren Mann, der ihr nur wenig von dem geistigen und musikalischen Klima bieten konnte, das sie von zu Haus gewöhnt war.

Auch als ihr Vater 1781 - kurz nach dem Fortgang Wolfgangs - einschneidend in ihr Leben eingriff, indem er der mittlerweile 30jährigen die Heirat mit Franz Diepold verwehrte, fügte sie sich dem väterlichen Willen. Es ist nicht genau bekannt, warum Leopold seiner Tochter diese Liebesheirat nicht gestattete, vielleicht sah er Diepolds Einkommen als Leiter der Hofknabenkapelle nicht für ausreichend an, um sie standesgemäß in seinem Sinne zu versorgen, vielleicht wollte er aber auch nicht so schnell hintereinander sein zweites Kind aus dem Hause ziehen lassen. Nannerl vertraute sich ihrem Bruder an, der ihr liebevoll anbot, doch zusammen mit Diepold nach Wien zu kommen, um dort eine eigene Existenz aufzubauen, aber Nannerl wagte den Absprung nicht, sondern verzichtete auf den Geliebten; 33jährig ehelichte sie dann 1784 den 15 Jahre älteren Witwer Johann Baptist Berchtold von Sonnenburg, der dem Vater dank seines Freiherrntitels als Schwiegersohn angemessen erschien. Neben drei eigenen Kindern aus dieser Ehe zog sie auch noch fünf weitere aus den vorhergehenden Ehen ihres Gatten auf. Ihrem Mann nach St. Gilgen gefolgt, blieb sie weiter in engem Kontakt mit ihrem Vater, und es zeugt davon, wie wenig sie sich auch als Ehefrau aus dem väterlichen Banne lösen konnte, daß sie ihm ihren 1785 geborenen Sohn von Geburt an zur Erziehung überließ.

Daß sie in ihrer Kindheit und Jugend als Schwester für den kleinen Bruder eine wichtige Vertraute war und die beiden Kinder sich vor allem auf den Reisen eng aneinander schlossen, ist naheliegend, aber auch noch als junge Erwachsene - besonders nach Wolfgangs unglückseliger Parisreise - herrschte zwischen den Geschwistern ein inniges Verhältnis. Zeitweise führten sie sogar ein gemeinsames Tagebuch. Scheint sie den Wunsch ihres Bruders nach einer selbständigen Existenz und die Art, wie er sie durchsetzte, noch verstanden zu haben, so stand sie zu sehr unter dem väterlichen Einfluß, um Constanze akzeptieren zu können. Die beiden Schwägerinnen wurden nie miteinander vertraut, obwohl sich Constanze zumindest anfangs - schon ihrem Wolfgang zuliebe - um Nannerls Freundschaft bemühte. So setzte auch zwischen den Geschwistern eine Entfremdung ein, zumal Wolfgang ein fauler Briefeschreiber wurde. Nannerl in ihrer bedächtigeren und ernsthafteren Art dürfte in dem langweiligen Salzburg und dem noch trostloseren St. Gilgen mehr darunter gelitten haben als Wolfgang, dessen Leben in Wien randvoll mit Aktivitäten gefüllt war.

Nach dem Tode ihres Mannes zog Nannerl 1801 zurück nach Salzburg, erhielt eine ausreichende Pension, gab wieder Klavierstunden und widmete sich dem Andenken ihres berühmten Bruders, wobei sie auch dafür sorgte, daß die Erinnerung an ihren Vater in der Nachwelt lebendig blieb. Am 29. Oktober 1829 starb sie 78jährig in ihrer Heimatstadt.

Constanze oder die Freuden des Ehelebens

»Sie ist nicht häßlich, aber auch nichts weniger als schön. Ihre ganze Schönheit besteht in zwei kleinen schwarzen Augen und in einem schönen Wachstum. Sie hat keinen Witz, aber gesunden Menschenverstand genug, um ihre Pflichten als eine Frau und Mutter erfüllen zu können. Sie ist nicht zum Aufwand geneigt ... im Gegenteil ist sie gewohnt, schlecht gekleidet zu sein ... versteht die Hauswirtschaft, hat das beste Herz von der Welt - ich liebe sie, und sie liebt mich vom Herzen? - sagen sie mir, ob ich mir eine bessere Frau wünschen könnte?«

Mozart war mit seiner Constanze glücklich.

Keine Künstlergattin ist wohl von der Nachwelt so gescholten worden wie Mozarts Ehefrau Constanze. Nie wurde ihr verziehen, daß sie ihrem genialen Manne nicht ebenbürtig gewesen sei, was auf musikalischem Gebiet sicher stimmt - aber wer, außer vielleicht Haydn, war das damals schon? Unmusikalisch war sie deshalb noch lange nicht, immerhin war sie eine Cousine von Carl Maria von Weber, und Mozart legte Wert auf ihr musikalisches Urteil.

Immer wieder taucht der Vorwurf auf, Constanze sei ein sinnliches Nichts gewesen, triebhaft, primitiv und launisch, wobei die Herren Biographen geflissentlich übersehen, daß auch Mozart selbst sich gern mit primitiven und banalen Späßen die Zeit vertrieb und mindestens genauso lebens- und liebeshungrig wie sein geliebtes Weibchen war. Intellekt hatte er daheim in Salzburg genug genossen, vielleicht suchte er gerade das Gegenteil, jedenfalls scheint seine Ehe mit Constanze sehr glücklich gewesen zu sein. Eine Portion sexueller Abhängigkeit, von der seine Briefe an seine Frau deutlich Zeugnis ablegen, gehörte gewiß auch dazu, aber vor allem dürfte Constanze eine wichtige Bezugsgröße in seinem Leben gewesen sein, die ihm das Gefühl vermittelte, gebraucht zu werden.

Aus einer verschlampten Künstlerfamilie stammend, war Constanze keine mustergültige Hausfrau, konnte dies auch gar nicht werden, denn Mozart verbreitete eine Unruhe und Hektik, die eine geregelte Haushaltsführung schlicht unmöglich machten. Neben sechs Schwangerschaften absolvierte Constanze in ihrer neun Jahre währenden Ehe insgesamt zehn Umzüge, richtete elf Wohnungen ein, mußte mit unregelmäßigen Einkünften über die Runden kommen, versuchte trotz des Chaos, das ihr Mann verbreitete, ein Mindestmaß an Ordnung aufrechtzuerhalten, paßte sich seinem Tagesablauf an, versorgte seine Schüler mit, spielte mit ihm Billard,

Von den sechs Kindern der Mozarts überlebten nur zwei, Carl Thomas - Jahrgang 1784 - und der im Sommer 1791 geborene Franz Xaver. Während sich Carl schon frühzeitig als nicht sonderlich begabt erwies und daher von seiner Mutter in die Lehre geschickt wurde, versuchte sie aus dem kleinen Franz Xaver einen zweiten Mozart zu machen, benannte ihn in Wolfgang Amadeus (II) um und ließ ihn zum Musiker ausbilden. Aber auch der zweite Sohn hatte nichts von dem Genie seines Vaters geerbt.

um ihn von anderen Dummheiten abzuhalten, empfing seine Freunde, tolerierte weitgehend seine »Stubenmädeleien«, begleitete ihn auf vielen seiner Reisen und bot ihm bei all dem Trubel einen emotionalen Ruhepunkt.
Franz Xaver Niemetschek, ein gemeinsamer Freund der beiden Mozarts in Prag, schrieb 1798 in seiner Mozart-Biographie, sicher etwas von Constanze beeinflußt: *In seiner Ehe mit Konstanza Weber lebte Mozart vergnügt. Er fand in ihr ein gutes, liebevolles Weib, die sich an seine Gemütsart vortrefflich anzuschmiegen wußte, und dadurch sein ganzes Zutrauen und eine Gewalt über ihn gewann, welche sie nur dazu anwendete, ihn oft vor Übereilungen abzuhalten. Er liebte sie wahrhaftig, vertraute ihr alles, selbst seine kleinen Sünden - und sie vergalt es ihm mit Zärtlichkeit und treuer Sorgfalt.*

Constanze 1802 als Nachlaßverwalterin ihres Mannes.

Nach Mozarts Tode unversorgt, dafür mit zwei kleinen Kindern versehen, entwickelte sie als Nachlaßverwalterin ihres Mannes eine beachtliche Geschäftstüchtigkeit, die ihr von vielen Biographen als Gerissenheit und Bestätigung ihres üblen Charakters ausgelegt wurde. Dabei ist es zum großen Teil ihr Werk, daß Mozarts Musikaliennachlaß nicht völlig auseinandergerissen, sondern komplett herausgegeben wurde. Auf ihre Initiative hin erschien 1828 die erste ausführliche Mozart-Biographie, verfaßt von ihrem zweiten Ehegatten Georg Nikolaus Nissen, der unter Constanzes Anleitung umfangreiches Quellenmaterial, Briefe etc. zu Mozarts Leben zusammengetragen hatte, das hiermit der Öffentlichkeit zugänglich gemacht wurde. Daß Constanze vermutlich einen Teil der Briefe, vor allem die Leopolds über sie selbst, retuschierte oder ganz verschwinden ließ, ist zwar für die Nachwelt höchst bedauerlich, aber doch verständlich. Wohlangesehen starb am 6. März 1842 - 50 Jahre nach Mozarts Tod - *Constanza, Etatsrätin von Nissen, gewesene Witwe Mozart* in Salzburg.

Die goldenen Wiener Jahre

Blick auf Wien, der zweiten Heimat Mozarts.

Mozart war bei seinem Entschluß, sich in Wien häuslich niederzulassen, 25 Jahre alt. Hier heiratete er, hier wurden seine Kinder geboren und hier starb er, noch nicht 36jährig am 5. Dezember 1791. Zehn Jahre blieben Mozart in Wien, hier schuf er seine größten Werke, hier entstanden seine »Entführung«, »Figaro«, »Don Giovanni«, »Cosi fan Tutte« und die »Zauberflöte«, die heute noch auf den Spielplänen jedes Opernhauses stehen, hier komponierte er seine in der Nachwelt bekanntesten Symphonien, Klavierkonzerte, Streichquartette und, und ... und zuletzt sein geheimnisumwobenes Requiem. Diese zehn Wiener Jahre sind die bedeutendsten im Schaffen Mozarts, in denen er all die musikalischen Eindrücke verarbeitete, die er in den vergangenen Jahren wie ein Schwamm aufgesogen hatte und nun - gebündelt und gefiltert durch sein Genie - zu einer neuartigen Musik werden ließ.

Am 29. November 1780 war Kaiserin Maria Theresia gestorben, und Joseph II., seit 1765 Mitregent, konnte nun seinen Vorstellungen vom aufgeklärten Absolutismus, was seine Mutter immer als neumodischen Kram abgelehnt hatte, freien Lauf lassen. Die von ihm veranlaßte Lockerung der Zensur dürfte zu einer wesentlichen Bereicherung des geistigen Klimas in Wien beigetragen haben, und es zeugt von seiner Toleranz, daß er die Zensurbestimmungen auch nicht zurücknahm, als etliche Schmierfinken ihre neugewonnene Freiheit dazu nutzten, übelste Pamphlete über ihren Landesherrscher zu veröffentlichen. Im Januar 1782 verkündete er sein berühmtes Toleranzedikt, das Protestanten und Juden zu gleichwertigen Staatsbürgern erklärte und bestimmte, daß seinen Landeskindern aus ihrer Religionszugehörigkeit keine beruflichen Nachteile erwachsen sollten.

In den großen Sälen der Adelspalais fanden oft Feste und Konzerte statt.

Kaiser Joseph II. gehörte zu jenen Monarchen, die mit Sicherheit nicht glücklich darüber waren, durch ihre Geburt zum Herrscherdasein verpflichtet zu sein. Persönlich scheu, mißtrauisch und zurückgezogen, aber von kleinauf eben zum Thronerben erzogen, verstand er sich wie sein großer Zeitgenosse Friedrich II. von Preußen als "Erster Diener seines Staates" und versuchte, durch eine engagierte Reformpolitik, die gesellschaftlichen und wirtschaftlichen Vorstellungen der Aufklärung in diesem Vielvölkerstaat durchzusetzen. Wurden viele seiner Maßnahmen zwar von seinen Untertanen abgelehnt und zum Teil als Bevormundung empfunden, so dürfte es Joseph II. zu verdanken sein, daß Österreich im ausgehenden 18. Jahrhundert im Gegensatz zu Frankreich von einer blutigen Revolution verschont blieb.

Weniger Beliebtheit verschafften ihm seine antikirchlichen Anordnungen, wie beispielsweise die Aufhebung zahlreicher Klöster, was verständlicherweise den gesamten Klerus gegen ihn aufbrachte, der nun eifrig von der Kanzel herab gegen ihn wetterte. Auch viele Adelige verziehen ihm diese Reform nicht, da Kirchenämter und Klöster bis dato immer ein guter Ausweg gewesen waren, überzählige Söhne und Töchter standesgemäß unterzubringen. Den abgeschafften kirchlichen Pomp dürfte besonders die ländliche Bevölkerung vermißt haben, während die Wiener selbst sich sowieso nicht durch allzu große Kirchentreue auszeichneten, wie Leopold Mozart bei seinem Besuch während der Fastenzeit 1785 in Wien bemerkte. Für Mozarts Schaffen hatten Josephs antikirchliche Maßnahmen zur Folge, daß er sich im Gegensatz zu seiner Salzburger Zeit kaum noch mit der Komposition von Kirchenmusik befaßte.

Zum Musikliebhaber erzogen wie alle Habsburger, erkannte Joseph II. bereits frühzeitig die außergewöhnliche Begabung Mozarts, auch wenn dessen Musik nicht immer seinem Geschmack entsprach. Schon die Komposition der »Finta semplice« 1768 soll auf seine Anregung zurückgegangen sein, und der Kaiser war bis zu seinem Tode im Februar 1790 ein Gönner Mozarts, der sich stets seiner schützenden Hand erfreute.

Wien als Hauptstadt der k.u.k. Monarchie war eine Weltmetropole, in der sich die Einwohner unterschiedlichster Nationalität aus dem Vielvölkerstaat Österreich-Ungarn ein Stelldichein gaben. Der hohe Adel des Habsburgerreiches liebte es, den Winter in der Hauptstadt zu verbringen und unterhielt prächtige Stadthäuser und Palais, ebenso wie die ausländischen Botschafter, von denen besonders der russische, Fürst Galitzin, Mozart in seiner Wiener Anfangszeit gut beschäftigte.

Einige Fürsten hielten sich Privatorchester, andere hatten in ihrem Palais kleine Theaterchen. Im Privattheater des Fürsten Auersperg wurde beispielsweise 1786 unter Mozarts Leitung sein »Idomeneo« aufgeführt, den er für diese Aufführung überarbeitet hatte.

Auch bei kleineren Festivitäten spielte Musik eine wichtige Rolle, auch wenn sie nicht immer im Mittelpunkt stand.

Musik hatte damals eine wichtige Unterhaltungsfunktion: Hausmusik, Konzerte, Bälle und Soireen, bei denen entweder die Musik selbst im Mittelpunkt stand oder zumindest einen angenehmen Rahmen bot, bildeten einen unverzichtbaren Bestandteil des adeligen und großbürgerlichen Vergnügungsprogramms. Einige Fürstenhäuser, wie beispielsweise die Ezterhazys, unterhielten eigene Orchester, die im Winter mit nach Wien gebracht wurden, andere Adelige gaben sich mit kleineren fest angestellten oder bei Bedarf aus der Wiener Musikerszene zusammengestellten Ensembles zufrieden.

Andere Adelige und reiche Bürger verfügten über Kammermusik-Ensembles.

Zahlreiche Räumlichkeiten, z.B. im Burg- und im Kärntnertortheater, im Trattnerhof und in der »Mehlgrube«, konnten für öffentliche Konzerte gemietet werden, was viele durchreisende Künstler ebenso wie Wiener Musiker nutzten. In seinen ersten Wiener Jahren veranstaltete auch Mozart mit großem Erfolg eigene Konzertabende, in Wien »Akademien« genannt.

Neben den Konzerten spielte die Oper eine wichtige Rolle im Wiener Musikleben. Erstes Haus am Ort war das Burgtheater, an dem zu Lebzeiten Mozarts vier seiner Opern aufgeführt wurden. Hatte Joseph II. seit 1778 zunächst das deutsche Nationalsingspiel gefördert, so setzte Mozart mit seiner 1782 aufgeführten »Entführung aus dem Serail« offensichtlich Maßstäbe, denen die anderen Singspielkomponisten nicht zu folgen vermochten; die deutschsprachige Oper verschwand weitgehend in der Versenkung, und die italienische Oper beherrschte erneut das Feld.

Nicht zuletzt blühte unter der Herrschaft des »Bürgerkaisers« das Bürgertum auf. Stand Klavierspiel und Gesang auf dem Ausbildungsprogramm jeder adligen Tochter, so gehörte es bald auch zur Erziehung einer bürgerlichen Tochter, sich auf dem Pianoforte zu produzieren, und es herrschte ein großer Bedarf an guten Klavierlehrern.

Das Klavier dürfte das unentbehrlichste Möbelstück im Hause Mozart gewesen sein, denn Wolfgang war fast ununterbrochen mit Klavierspielen und Komponieren beschäftigt.

Mozarts bereits zwei Wochen nach seiner Ankunft getroffene Feststellung, Wien sei *für mein Metier der beste Ort von der Welt,* war sicherlich nicht übertrieben. Die Nachfrage nach Musik war in Wien schier unerschöpflich: Angefangen von Opern über Symphonien, Kammermusiken bis hin zu leichten Klavieretüden brauchten die Wiener immer wieder Nachschub und boten einem Musiker und Komponisten wie Mozart ein reiches Betätigungsfeld - vorausgesetzt, er traf den Publikumsgeschmack.

Klavierlehrer, Salonlöwe und Publikumsliebling

Innerhalb von knapp zwei Jahren hatte Mozart es geschafft, sich in die vordersten Reihen der Wiener Musikszene zu spielen. Mozart war »in« und hatte in den folgenden Jahren alle Hände voll zu tun, um der Nachfrage sowohl als Musiker als auch als Komponist nachzukommen. Die meisten seiner Briefe an den Herrn Papa enden mit einer Entschuldigung für deren Kürze, entweder mußte er schon wieder zum Komponieren ans Klavier eilen oder aus dem Hause stürzen, um irgendwo bei einem Konzert mitzuwirken. *Überhaupt habe ich viel zu tun, daß ich oft nicht weiß, wo mir der Kopf steht; der ganze Vormittag bis 2 Uhr geht mit Lektionen herum, - dann essen wir; nach Tisch muß ich doch eine kleine Stunde meinem armen Magen zur Digestion vergönnen; dann - ist der einzige Abend, wo ich etwas schreiben kann - und der ist nicht sicher, weil ich öfters zu Akademien gebeten werde.* Neben seinen eigenen Konzerten war Wolfgang auch zu einer unverzichtbaren Attraktion im Konzertprogramm anderer Künstler geworden, so daß er sich bald vor Konzerten nicht mehr retten konnte. Allein im Frühjahr 1784 gab er in einem Zeitraum von sechs Wochen 22 Konzerte, und sein Vater schrieb während seines Wienbesuches 1785 vier Wochen nach seiner Ankunft an Nannerl: *Es ist unmöglich, die Schererei und Unruhe alles zu beschreiben: deines Bruders Fortepiano Flügel ist wenigstens 12 mal, seitdem ich hier bin, aus dem Hause ins Theater oder in ein anderes Haus getragen worden.*

1774 erwarb Mozart von dem Klavierbauer Walther einen Flügel, der bis zu seinem Tode in seinem Besitz blieb. Nachdem Constanze 1793 vergeblich versucht hatte, Mozarts Instrumente zu verkaufen, behielt sie ihn und schenkte ihn später einem ihrer Söhne, der wiederum diesen Flügel dem Salzburger Dom-Musik-Verein vererbte. Heute steht das Instrument im Mozart-Museum in Salzburg.

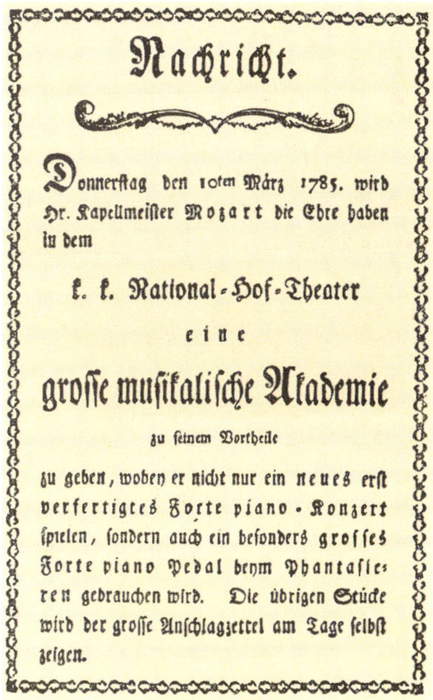

Nachricht.

Donnerstag den 10ten März 1785. wird Hr. Kapellmeister Mozart die Ehre haben in dem

k. k. National-Hof-Theater

eine

grosse musikalische Akademie

zu seinem Vortheile

zu geben, wobey er nicht nur ein neues erst verfertigtes Forte piano-Konzert spielen, sondern auch ein besonders grosses Forte piano Pedal beym Phantasieren gebrauchen wird. Die übrigen Stücke wird der grosse Anschlagzettel am Tage selbst zeigen.

Ankündigung eines Konzertes im Burgtheater am 10. März 1785, das 599 Gulden Einnahmen erbrachte.

Mozart war ein passionierter Billardspieler, und der Billardtisch zog ebenso wie der Flügel bei den Umzügen immer mit. »Wann ein berühmter Billardspieler in Wien ankam, hat's ihn mehr interessiert als ein berühmter Musiker, dieser, meinte er, würde schon zu ihm kommen, aber jenen suchte er auf; er spielte hoch, ganze Nächte durch«.

Im Sommer 1785 kaufte sich Mozart zum Komponieren ein Stehpult, weil es ihm nicht mehr bekam, ständig über dem Schreibtisch gebeugt zu sitzen. Permanent in geistiger und körperlicher Anspannung, war er dennoch *immer guter Laune, aber selbst in der besten sehr nachdenkend, einem scharf dabei ins Auge blickend, auf alles, es mochte heiter oder traurig sein, überlegt antwortend, und doch schien er dabei an etwas anderem tiefdenkend zu arbeiten. Selbst wenn er sich in der Frühe die Hände wusch, ging er dabei im Zimmer auf und ab, blieb nie ruhig stehen, schlug dabei eine Ferse an die andere und war immer nachdenkend. Bei Tische nahm er oft eine Ecke seiner Serviette, drehte sie fest zusammen, fuhr sich damit unter der Nase herum und schien in seinem Nachdenken nichts davon zu wissen, und öfters machte er dabei noch eine Grimasse mit dem Munde ... Auch sonst war er immer in Bewegung mit Händen und Füssen, spielte immer mit etwas, z.B. mit seinem Chapeau, Taschen, Uhrband, Tischen, Stühlen, gleichsam Klavier.*

Vielleicht als Überreaktion auf den Streß neigte Wolfgang dazu, sich manchmal recht infantil aufzuführen. Mitten aus dem ergreifendsten Klavierspiel fuhr er auf *und begann in seiner närrischen Laune, wie er es öfters machte, über Tisch und Sessel zu springen, wie eine Katze zu miauen, und wie ein ausgelassener Junge Purzelbäume zu schlagen,* berichtet Caroline Pichler, in deren Vaterhaus Mozart oft zu Gast war, und fällt kein allzu freundliches Urteil über Mozarts gesellschaftliches Auftreten: *Mozart und Haydn ... waren Menschen, in deren persönlichem Umgange sich durchaus keine andere hervorragende Geisteskraft und beinahe keinerlei Art von Geistesbildung, von wissenschaftlicher oder höherer Richtung zeigte. Alltägliche Sinnesart, platte Scherze, und bei dem ersten ein leichtsinniges Leben, war alles, wodurch sie sich im Umgange kundtaten.* Entweder gab Mozart doch hin und wieder etwas Vernünftiges von sich oder er war gerade wegen seiner Clownerien in der Gesellschaft sehr beliebt, jedenfalls war er ein gerngesehener Gast in vielen Salons, egal, ob er nun als »Dankeschön« für die Einladung noch etwas am Klavier phantasierte oder nicht.

»Ich Johannes Chrisostomus Amadeus Wolfgangus Sigismundus Mozart gebe mich schuldig, daß ich vorgestern und gestern, auch schon öfters, erst bei der Nacht um 12 Uhr nach Haus gekommen bin; und das ich von 10 Uhr bis zur benennten Stund beim Cannabich ... nicht schwer, sondern leichtweg gereimt habe; und zwar lauter Sauereien, nämlich vom Dreck, Scheissen und Arschlecken, und zwar mit Gedanken, Worten und -- aber nicht mit Werken ... Ich muß bekennen, daß ich außerordentlich Freude daran hatte. Ich bekenne alle diese Sünden und Vergehungen von Grund meines Herzens, und in der Hoffnung, sie öfters bekennen zu dürfen, nehme ich mir kräftig vor, mein angefangenes sündiges Leben noch immer zu verbessern.«

Mit Mozart vierhändig zu spielen, war für seine Schülerinnen vielleicht nicht immer das reinste Vergnügen, wenn man seinen Musiklehrer nicht unbedingt halb auf dem Schoß sitzen haben wollte.

Auch seine Klavierschülerinnen schienen ihn nicht unbedingt für einen Hanswurst gehalten zu haben, sondern zum Teil nicht nur seine pädagogischen Qualitäten geschätzt zu haben. Eine seiner ersten Schülerinnen, Josepha von Auernhammer, wollte ihn am liebsten gleich heiraten, wovon Wolfgang nicht sehr begeistert war, denn *das Fräulein ist ein Scheusal, dick wie eine Bauerndirne: schwitzt, als daß man speien möchte . . . sie ist serieusement in mich verliebt . . . ich sagte ihr also letzthin die Meinung wacker.* Aber so ganz schuldlos dürfte Mozart sicher nicht daran gewesen sein, daß sich Josepha Hoffnungen machte, bald den Namen Mozart zu tragen und mit ihrem berühmten Gatten auf Konzertreisen zu gehen.

Die Tochter eines Wirtschaftsrates war übrigens für ihre Zeit ein ausgesprochen emanzipiertes Wesen. Nicht nur, daß sie Mozart ihre Wünsche deutlichst zu erkennen gab, sondern sie erzählte ihm gleich bei einer ihrer ersten Begegnungen: *Einen Kanzleihelden mit 300 oder 400 Gulden mag ich nicht heiraten, einen andern bekomme ich nicht; mithin bleibe ich lieber so, und will von meinem Talent leben.* Auch wenn Wolfgang ihr die kalte Schulter zeigte, so konzertierte er doch mit ihr gemeinsam im Sommer 1782 bei einem Konzert im Augarten, wirkte in ihrer Akademie im Kärntnertortheater im November des gleichen Jahres mit und widmete ihr seine ersten in Wien gedruckten Klaviersonaten. Josepha ehelichte dann 1786 doch einen Kanzleihelden, blieb aber als Pianistin aktiv und spielte beispielsweise 1813 den Klavierpart bei einer Aufführung von Beethovens Klavierkonzert Nr. 3.

Wie weit Constanzes Eifersuchtsanwandlungen bezüglich anderer, größtenteils selbst verheirateter Schülerinnen berechtigt waren, wird ein Geheimnis bleiben, aber seine Klavierkompositionen für vier Hände, die er für sich und seine Schüle-

Mit einigen seiner Schülerinnen trat Mozart zusammen bei öffentlichen Konzerten auf, so im Sommer 1782 bei den sonntäglichen Matineen im Augarten, wo er mit Josepha von Auernhammer spielte.

Die ersten in Wien von ihm gedruckten Noten, die Ende 1781 bei dem angesehenen Musikalienverleger Artaria erschienen, widmete er seiner Schülerin und Verehrerin Josepha.

rinnen schrieb, erforderten häufig engere Körperberührungen: Zufall oder Absicht - man kann Mozart leider nicht mehr dazu befragen. Auch einige Sängerinnen wie beispielsweise Nancy Storace, die erste Susanna im »Figaro«, sollen ihn nicht nur wegen ihrer fachlichen Fähigkeiten interessiert haben. Und nicht zuletzt ist es doch verwunderlich, daß kurz nach seinem Tode das Gerücht auftauchte, er sei von dem gehörnten Ehegatten einer seiner Schülerinnen, die Mozart geschwängert habe, ermordet worden.

Mozart bei der Komposition des »Don Giovanni«. Kaum ein anderer Opernkomponist konnte so szenisch komponieren wie Mozart. Seine Opern erwecken den Anschein, als ob die gesamte Opernhandlung wie ein Film vor seinem inneren Auge ablief, während er die Partitur schrieb. Nicht nur, daß er durch seine Musik die Personen der Handlung plastisch gestaltete und ihnen individuelle Konturen verlieh, die sich keinem der üblichen Operntypen zuordnen lassen, sondern auch der Handlungsablauf und die szenische Umsetzung sind in seinen Noten, die wie Regieanweisungen wirken, bereits vorgegeben.

Mein größtes Anliegen - Opern zu schreiben

Mozarts *unaussprechliche Begierde* richtete sich jedoch weniger auf das Durchforsten weiblicher Unterröcke, sondern darauf, *eine Opera zu schreiben.* Sein größtes Anliegen war es, mit dem ihm zur Verfügung stehenden Mittel - der Musik - Menschen so darzustellen, wie er sie sah und empfand, ihre Gefühle und Leidenschaften, ihre Stärken und Schwächen einzufangen in seiner einzigartigen Tonsprache, ihren Gefühls- und Erkenntnisprozessen nachzuspüren, sie aufzurollen und seinen Zuhörern nahezubringen. Bestes Hilfsmittel hierbei war die Oper, da sie sich immer - von Menschen gespielt - um menschliche Schicksale drehte. Im Mikrokosmos seiner Opern konnte Mozart die Welt so wiedergeben, wie sie sich in seinem Kopf abmalte.

Auf seinen Reisen hatte er das Leben des Adels im »Ancien Régime« kennengelernt, war zu Fürsten und Königen geladen, hatte aber ebenso Gelegenheit gehabt, das Leben der einfachen Bevölkerung zu erfahren und sich ein Bild darüber zu formen. Obwohl aus seiner Hand zahlreiche Briefe erhalten sind, die über sein Leben Zeugnis ablegen, lassen diese nur wenige Rückschlüsse auf seine »Weltanschauung« zu. Wenngleich ein scharfer Beobachter, der mit kurzen - teils recht bissigen - Bemerkungen Personen und Situationen zu charakterisieren verstand, fehlt es weitgehend an Ausführungen, die auf eine tiefere Auseinandersetzung mit den geistigen, gesellschaftlichen und politischen Verhältnissen des ausgehenden 18. Jahrhunderts hinweisen, obwohl er selbst als Musiker ja auch damit konfrontiert wurde; selbst ein Ereignis wie die Französische Revolution 1789 wurde von ihm nicht kommentiert.

Prominentestes Theater am Ort war das Burgtheater, an dem er 1782 seine »Entführung« hatte herausbringen können. Mittlerweile hatte die italienische Oper die Oberherrschaft erlangt, so daß Mozart händeringend auf der Suche nach einem vernünftigen italienischen Operntext war.

Scheinbar war er politisch völlig desinteressiert - aber nur dem Anschein nach, denn seine Opern geben hier die Hinweise, die in seinen Briefen fehlen. Zwar schrieb Mozart die Texte nicht selbst, aber bei der engen Zusammenarbeit zwischen Librettist und Komponist dürfte auch bei der Gestaltung der Handlung Mozarts geistige Haltung eingeflossen sein. »Figaro«, »Don Giovanni«, »Cosi fan Tutte« und die »Zauberflöte« sind mit Sicherheit keine Zufallstreffer, sondern enthalten neben viel Menschenkenntnis und Humanität auch eine herbe Kritik an bestehenden gesellschaftlichen Zuständen, eine Kritik, die auch musikalisch auskomponiert wurde.

Im Vergleich zum 19. Jahrhundert waren die Opernorchester wesentlich kleiner, und der Dirigent leitete die Aufführung gewöhnlich vom Klavier oder Cembalo aus, Mozart bildete hier - auch bei den Premieren - keine Ausnahme. Seinen »Figaro« schrieb er für ein nach damaligen Gegebenheiten recht umfangreiches Orchester: 2 Flöten, 2 Oboen, 2 Klarinetten, 2 Fagotte, 2 Hörner, 2 Trompeten, Pauken und Streicher.

Nach dem erfolgreichen Auftakt der »Entführung« erscheint es zunächst verwunderlich, daß Mozart in den folgenden Jahren keine Oper schrieb. Erst 1786 brachte er sein nächstes Stück - »Figaro« - heraus, obwohl ihm Orsini-Rosenberg bereits Ende 1782 vorgeschlagen hatte, eine italienische Oper zu komponieren. Mozart sah in der Folgezeit *leicht 100 - ja, wohl mehr* Textbücher durch, aber keines entsprach seinen Vorstellungen. Zweimal nahm er einen Anlauf, kam aber über die ersten Arien nicht hinaus, da ihm die Libretti zu dumm waren. Er war es leid, wie in seiner Jugendzeit Musik zu Texten schreiben zu müssen, deren lebensfremde Story und hölzerne Verse sich zumeist einzig durch eine konstruierte Handlung auszeichneten, vor Langeweile strotzten und ohne Musik keine Sekunde die Zuschauer hätten fesseln können. Es fehlte ihm zu seinem Glück ein geeigneter Textdichter.

Den Librettisten fand er schon Ende 1783, als er den Abate Lorenzo Da Ponte kennenlernte, ein konkreter Opernauftrag blieb jedoch aus, bis Mozart 1785 eine Meisterleistung an Unverfrorenheit vollbrachte, bei der ihm Da Ponte ebenbürtig zur Seite stand. »Die Hochzeit des Figaro oder ein toller Tag«, ein Schauspiel von Beaumarchais, hatte 1784 bei seiner Uraufführung in Paris zu einem Theaterskandal geführt und provozierte auch in Wien einen Skandal, denn der sonst recht liberale Kaiser untersagte 1785 die Aufführung kurz vor der Premiere. Es erschien ihm doch höchst unpassend, daß hier ein Adeliger als maroder Schürzenjäger dargestellt wurde, während zwei Dienstboten die eigentlichen Helden des Stückes waren. Und gerade dieses Stück wollte Mozart nun vertonen, und Da Ponte willigte ein, den Text für eine Oper umzuschreiben, obwohl kein offizieller Auftrag vorlag.

Wir arbeiteten Hand in Hand, sowie ich etwas vom Texte geschrieben hatte, setzte er es in Musik, und in sechs Wochen war alles fertig. Das Glück begünstigte Mozart, das Theater hatte Mangel an neuen Partituren. Ich ergriff diese Gelegenheit, und ohne mit jemanden darüber zu sprechen, bot ich dem Kaiser selbst den »Figaro« an. Mag Da Ponte vielleicht in seinen Memoiren seine Vermittlerrolle etwas übertrieben haben, so steht fest, daß Joseph II. die Aufführung des »Figaros« protegierte. Als es zu heftigen Intrigen im Burgtheater kam, - drei Komponisten stritten sich darum, wer den ersten Premierentermin bekäme und Mozart *auffahrend wie Schießpulver .... schwur, die Partitur seiner Oper ins Feuer zu werfen, wenn sie nicht zuerst gegeben würde,* - ordnete der Kaiser an, daß zuerst mit der Oper Mozarts begonnen wurde.

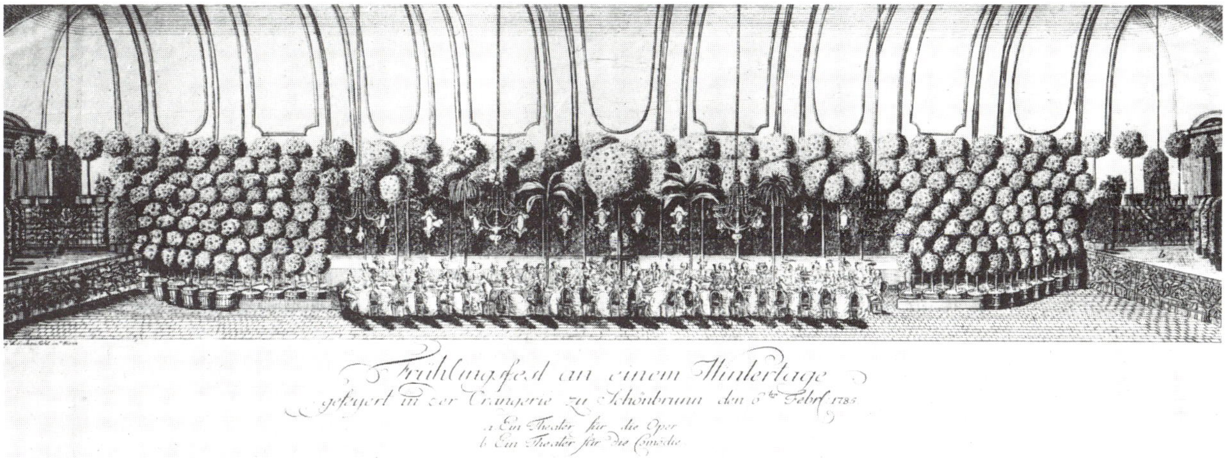

Neues Singspiel.

Im kaiserl. königl. National - Hof - Theater
wird heute Montag den 1ten May 1786 aufgeführt:
(zum erstenmal)

LE NOZZE
DI FIGARO.

Die Hochzeit des Figaro.

Ein italiänisches Singspiel in vier Aufzügen.
Die Musik ist vom Herrn Kapellmeister Mozart.

Die Bücher sind italiänisch und deutsch jedes für 20 kr. beym Logenmeister zu haben.

Der Anfang ist um halb 7 Uhr.

Während der Arbeit am »Figaro« komponierte Mozart noch schnell für eine Festivität in der Orangerie in Schönbrunn die Ouvertüre und mehrere Gesangstücke zum »Schauspieldirektor«. Die Premiere fand am 7. Februar 1786 in Anwesenheit Josephs II. und hoher Staatsgäste statt. Nach der Aufführung des »Schauspieldirektors« brauchten die Gäste nur ihren Stuhl umzudrehen, um auf der zweiten Bühne am anderen Ende des Saales den zweiten Teil des Abendprogramms, Salieris Kurzoper »Prima la Musica«, zu sehen.

Theateranzeige der Uraufführung des »Figaro« am 1. Mai 1786 im Burgtheater.

Bei der Uraufführung am 1. Mai 1786 wußte das Publikum nicht so recht, was es von der Oper halten sollte, die Musik war im wahrsten Sinne so unerhört und neuartig, daß sich die Wiener erst einmal daran gewöhnen mußten. Mit den weiteren Vorstellungen wuchs aber auch die Beliebtheit dieser Oper, obwohl sie in Wien nicht die Begeisterungsstürme auslöste, die sie im Winter des gleichen Jahres in Prag hervorrief. Die Prager waren in einem rechten Figarofieber und luden im Januar 1787 den Schöpfer dieses Meisterwerks nach Prag ein. Mozart *sah mit ganzem Vergnügen zu, wie alle diese Leute auf die Musik meines Figaros, in lauter Contre=Tänze und deutsche verwandelt, so innig vergnügt herumsprangen: - denn hier wird von nichts anderem gesprochen als vom Figaro: nichts gespielt, geblasen, gesungen und gepfiffen als - Figaro: keine Opera besucht als - Figaro und ewig Figaro.* Bei all dem Figaro wurde nicht versäumt, den Prager Publikumsliebling für die Wintersaison 1787 mit einer neuer Oper zu beauftragen.

»Gehen wir, gehen wir, mein Schatz, die Schmerzen einer unschuldigen Liebe zu stillen«, singen Zerlina und Don Giovanni, der ihr gerade mit einem Heiratsversprechen den Kopf verdreht hat und sie nun sanft in Richtung Schlafzimmer lotsen will. Glücklicherweise - für Zerlina und ihren Bräutigam Massetto - steht Donna Elvira schon bereit, um diesen Angriff auf die Tugend Zerlinas zu verhindern.

Nach der erfolgreichen Zusammenarbeit beim »Figaro« lag es für Mozart nahe, sich für seine neue Oper wieder an Da Ponte zu wenden, der ihm als Sujet »Don Giovanni« vorschlug. Das Thema war alt und neu, wie man es nimmt. Seit Tirso di Molinas 1637 erschienenem Theaterstück »El Burlador de Sevilla« war Don Juan absolut bühnenfähig, sowohl sein ausschweifendes Leben als auch seine Höllenfahrt waren bühnenwirksame Storys, in denen sich bestens »Sex and Crime«, Angst und Schrecken, und durch den hanswurstigen Diener auch genügend Komik unterbringen ließen. Falls Bedarf, konnte die ganze Geschichte noch moralisch aufgewertet werden, da den Bösewicht ja seine gerechte Strafe ereilt. Weder Molière noch Goldoni ließen sich diesen beliebten Stoff entgehen, und auch auf dem Musiktheater war Don Giovanni ein gerngesehener Gast. Allein im Entstehungsjahr von Mozarts »Don Giovanni« gab es drei weitere Vertonungen dieser Geschichte. Eine davon, im Februar 1787 mit der Musik von Giuseppe Gazzaniga und einem Libretto von Giovanni Bertati in Venedig herausgekommen, diente Da Ponte als Ausgangsbasis für seinen »Don Giovanni« .

In wenigen Monaten entstand in bewährter Teamarbeit eine Oper, die auch heute nichts von ihrer Faszination verloren hat, und im Oktober fuhr Mozart wieder in die mozartbegeisterte Stadt, um seinen Auftrag einzulösen. Die Premiere des »Don Giovanni« am 27. Oktober 1787 war, wie bei den Pragern zu erwarten, ein glänzender Erfolg. *Es lebe Da Ponte, es lebe Mozart! Alle Theaterunternehmer, alle Virtuo-*

Um sich an der Angst seines Dieners Leporello zu weiden, lädt Don Giovanni die Statue des Komturs, den er am frühen Morgen in einem Duell getötet hatte, weil dieser etwas dagegen hatte, daß Don Giovanni seine Tochter schändete, zum Nachtmahl ein. Zu seinem Erstaunen nimmt der Tote die Einladung an.

Beim Erscheinen des Steinernen Gastes rettet sich Leporello unter den Tisch und beobachtet von dort, wie sein Herr, der sich weigert, sein sündiges Leben zu bereuen, von der Hölle verschlungen wird.

sen müssen sie segnen; solange sie leben, wird man nichts mehr von theatralischen Erbärmlichkeiten hören. Auch wenn Mozarts Musik das Hauptverdienst für den Welterfolg des »Don Giovanni« zuzusprechen ist, so sollte nicht vergessen werden, daß Mozart mit Da Ponte endlich einen Autor gefunden hatte, der ihm witzige und intelligente Textbücher maßschneiderte, die seinen musikdramaturgischen Vorstellungen entsprachen und seiner Phantasie den angemessenen Rahmen boten. Auch ohne Musik ist Da Pontes Libretto mit seinen Sprachspielereien und seiner Ironie ein Lesegenuß.

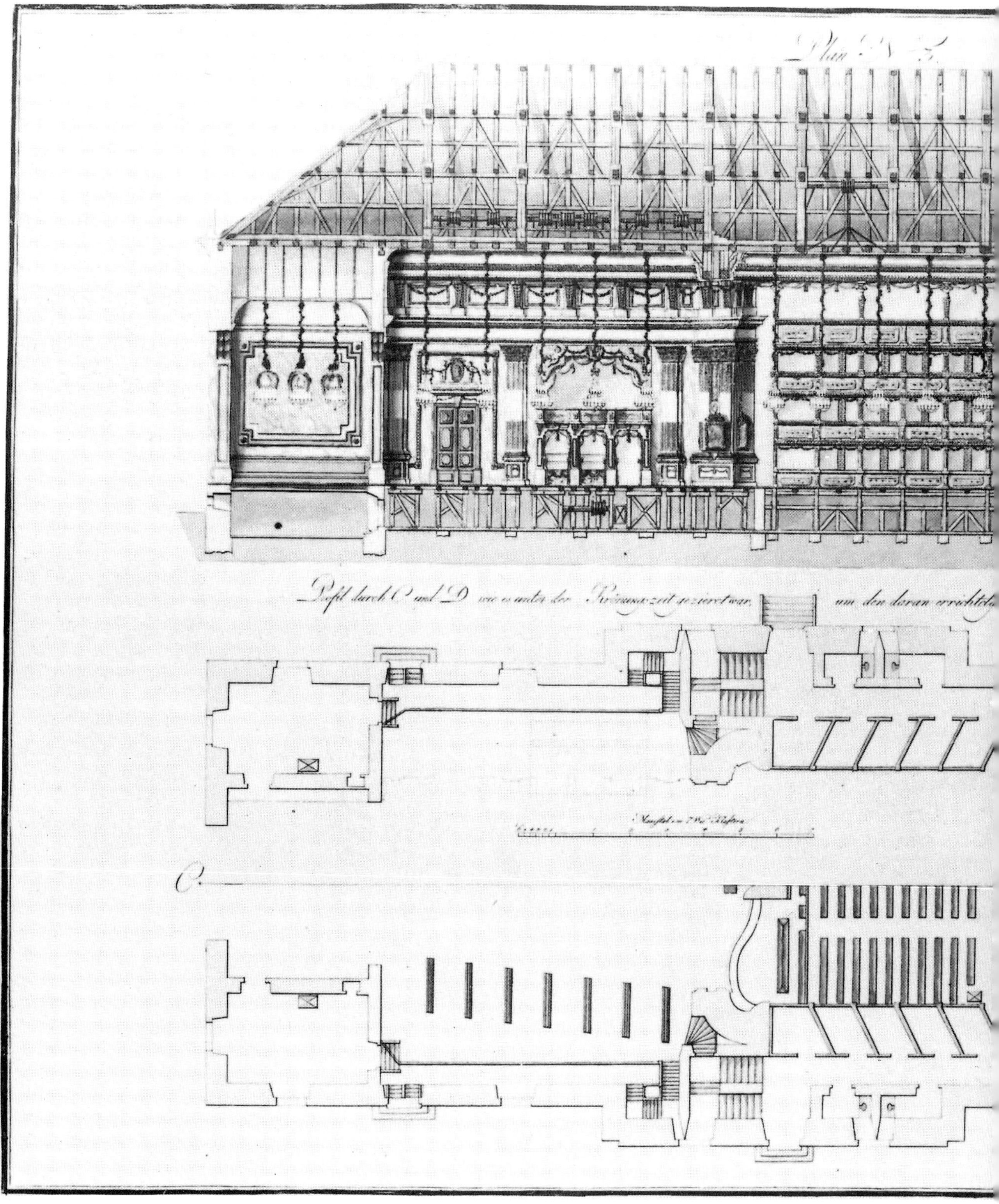
Profil durch C und D wie es unter der Krönungszeit geziert war,
um den daran
C

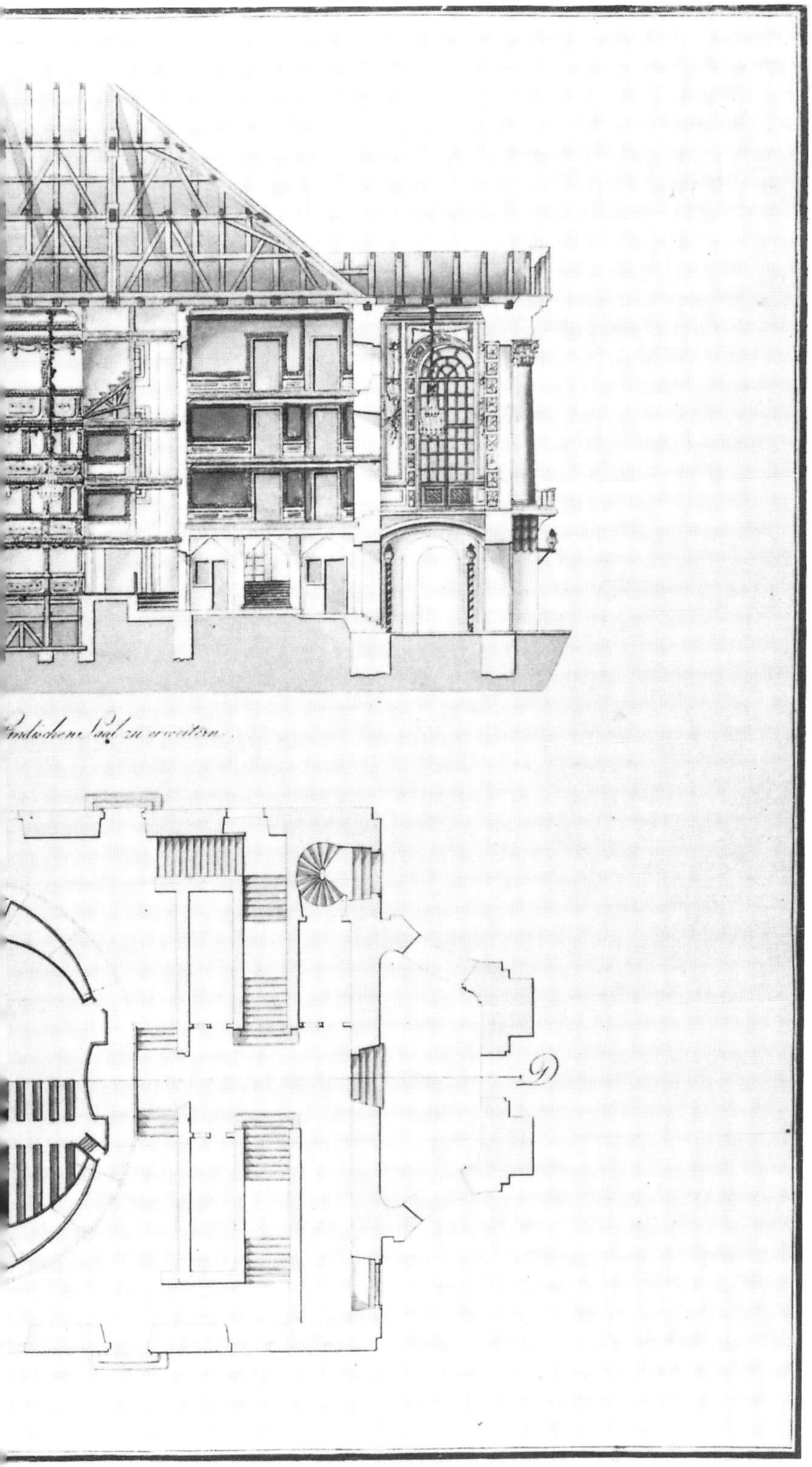

Bei seinem zweiten Pragaufenthalt bezog Mozart Quartier bei seinen Freunden, dem Musikerehepaar Dussek. Bei seiner Ankunft war er noch lange nicht mit der Komposition der neuen Oper fertig, sondern ein großer Teil wurde erst hier geschrieben, so daß ihn seine Freunde eigentlich hauptsächlich am Klavier antrafen.

Die Premiere des »Don Giovanni« fand dann am 27. Oktober 1787 im Prager Ständetheater am Obstmarkt, dem heutigen Tyl-Theater, statt, in dem auch schon sein »Figaro« die Prager begeistert hatte.

Casanova und Don Giovanni sind seit Mozarts Oper geradezu Synonyme für eine bestimmte männliche Verhaltensweise geworden, der auch Lorenzo Da Ponte huldigte. Casanova hat vermutlich eine der fünf ersten Aufführungen des »Don Giovanni« in Prag im Herbst 1787 gesehen und fand das Stück so interessant, daß er sich selbst damit beschäftigte, wie seine Notizen zum Libretto dieser Oper zeigen.

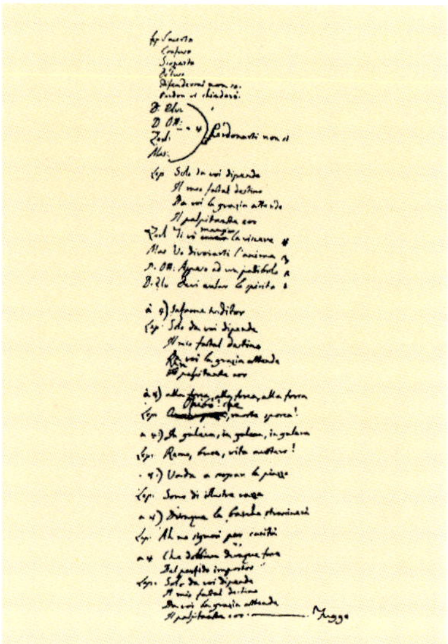

Die »jungfräuliche« Muse - Lorenzo Da Ponte

Ich setzte mich an meinen Schreibtisch und blieb volle zwölf Stunden daran sitzen, ein Fläschchen Tokaier zur Rechten, in der Mitte mein Schreibzeug und eine Dose Tabak von Sevilla zur Linken. Ein sehr schönes sechzehnjähriges Mädchen, die ich nur gleich einer Tochter lieben wollte, aber... wohnte in meinem Hause mit ihrer Mutter, besorgte die häuslichen Geschäfte und kam sogleich in mein Zimmer, wann ich die Glocke schellte, und dieses geschah in Wahrheit oft... , berichtet Lorenzo Da Ponte in seinen Memoiren von seiner Arbeit am »Don Giovanni« .

Wie sein Freund Casanova war der Herr Abate absolut kein Frauenverächter. Sowohl in »Don Giovanni« als auch in »Cosi fan Tutte«, deren Libretto er 1789 für Mozart schrieb, dürften eine ganze Menge »Erfahrungen« des Lebemannes eingegangen sein, wie dann auch sein »Don Giovanni« bei aller Herzlosigkeit und Frivolität mit viel Sympathie, Humor und Selbstironie gezeichnet wurde. Glaubt man Da Pontes Memoiren, so waren es vor allem die Frauen, die an den Triumphen und Krisen seines abenteuerlichen Lebens schuld waren.

Geboren wurde unser Held als Emanuele Conegliano 1749 im Ghetto von Cèneda, dem heutigen Vittorio Veneto. 1763 wurde er getauft, nachdem sein Vater, ein jüdischer Lederhändler, zum Katholizismus übergetreten war, und erhielt den Namen des damaligen Bischofs von Cèneda - Lorenzo Da Ponte. Auf Vermittlung des Bischofs kam Lorenzo, der sich durch eine rasche Auffassungsgabe, ein gutes Gedächnis und großes Interesse an Literatur auszeichnete, auf ein Priesterseminar, wo er 21jährig seiner herausragenden Rhetorikkenntnisse wegen zum Professor aufstieg. 1773 erhielt er die Priesterweihen, was ihn aber nicht davon abhielt, einer schönen Venezianerin in ihre Heimatstadt zu folgen und sich hier höchst unpriesterlich durchs Leben zu schlagen. Trotzdem erhielt er eine Professur für Literatur in Treviso, wurde aber nach zwei Jahren von der Universität gejagt, weil er die Jugend zum freiheitlichen Denken verführe. Wieder nach Venedig zurückgekehrt, wurde sein unsittlicher Lebenswandel selbst den nicht gerade prüden Venezianern zu bunt, und sie machten ihm 1779 den Prozeß. Um der Strafe - fünfzehn Jahre Verbannung bei sieben Jahren verschärfter Gefängnishaft - zu entgehen, setzte sich Da Ponte nach Österreich ab.

Wie sein berühmter Zeitgenosse Casanova ließ sich Da Ponte nur allzugern vom weiblichen Geschlecht verwöhnen, und die 16jährige Muse beim »Don Giovanni« dürfte nicht die einzige Errungenschaft des Herrn Hofpoeten in Wien geblieben sein.

1773 nach seiner Priesterweihe einer schönen Frau nach Venedig gefolgt, finanzierte Da Ponte seinen dortigen Aufenthalt hauptsächlich durch Glücksspiel, vervollständigte in diesen venezianischen Jahren seine Bildung aber nicht nur auf dem erotischen Sektor, sondern nahm die kulturelle Atmosphäre dieser Stadt in sich auf und gab sie später in seinen Libretti weiter.

1782 kam er nach Wien, wo es ihm nach dem Tode des Hofpoeten Metastasio gelang, Joseph II. zu überreden, ihn als Metastasios Nachfolger anzustellen. Von der entscheidenden Audienz berichtet Da Ponte: *Zuletzt fragte er mich, wieviele Operntexte ich verfaßt hätte, worauf ich frei heraussagte: »Keinen, Sire.« »Nun schön«, erwiderte er lächelnd, »so werden wir eine jungfräuliche Muse haben«.* Joseph II. dürfte seine Wahl nicht bereut haben, denn mit seiner ungeheuren Bildung, seinem rhetorischen Können, seinem Sprachwitz und einem sicheren Gefühl für dramatische Wirksamkeit wurde der neue Hofpoet schnell einer der gefragtesten Librettisten Wiens. Neben Mozart arbeitete er mit Salieri, Martin y Soler, Righini, Weigl und fast allen anderen Komponisten der Wiener Opernszene zusammen, wobei einige dieser Stücke zu Mozarts Lebzeiten noch erfolgreicher waren als dessen Opern.

Um nicht die interessantesten Jahre seines Lebens hinter den Gittern der venezianischen Bleikammern zu verbringen, entzog sich Da Ponte der drohenden Verhaftung lieber durch seine Flucht nach Österreich.

1790 nach dem Tode seines kaiserlichen Gönners ereilte Da Ponte aber auch in Wien das Mißgeschick, er stolperte über diverse gegen ihn inszenierte Intrigen, bei denen seine Geliebte Adriana del Ferrarese, die unter anderem die Fiordiligi in »Cosi fan Tutte« gesungen hatte, eine große Rolle spielte. Am meisten empörte es Da Ponte, daß die Ferrarese ihn nach seiner Entlassung 1791 prompt sitzen ließ. Der Abate verliebte sich jedoch nach einigen Wochen in eine 15jährige, die er 1792 heiratete, ohne sich vorher von seinen Priesterpflichten entbinden zu lassen. Auf Anraten von Casanova gingen die beiden nach London, wo sich Da Ponte als Librettist, Impresario, Verleger und Buchhändler versuchte. Beständig von irgendwelchen ihm übelwollenden Gläubigern verfolgt, flüchtete er 1805 nach Amerika. Als Kaufmann, Buchhändler, Italienischlehrer und mit diversen anderen Jobs hielt er dort mit wechselnden Erfolgen seine mittlerweile recht umfangreiche Familie über Wasser.

Auf seine Initiative hin wurde 1826 »Don Giovanni« als erste Mozartoper in Amerika aufgeführt und damit die Mozart-Rezeption in den USA eingeleitet. 1832 gründete der 83jährige das erste Opernhaus in New York - ein finanzielles Fiasko - und setzte sich unermüdlich dafür ein, die Amerikaner mit der Kultur seines Heimatlandes vertraut zu machen, was ihm zwar viel Ansehen, aber bis zu seinem Tode 1838 keine gesicherte Existenz verschaffte.

Nicht nur, daß Mozart in Da Ponte einen kongenialen Librettisten gefunden hatte, in dessen Adern Theaterblut pulsierte, was sowohl in seinen Textbüchern als auch in seinen Memoiren höchst effektvoll und dramatisierend zum Ausdruck kommt, er war für Mozart sicher auch eine wichtige Hilfe, sich in dem Intrigengewirr am Burgtheater zu behaupten. Als kaiserlicher Hofpoet kannte Da Ponte seine Herren Komponisten und ihre Machenschaften, die er wirkungsvoll zu durchkreuzen wußte, wenn es ihm darum ging, einem seiner Favoriten zu einer Aufführung zu verhelfen. Daß Mozarts »Figaro« und »Don Giovanni« auf die Bühne des Burgtheaters kamen, dürfte nicht allein auf die Sympathie Josephs II. zurückzuführen sein, auch Da Ponte dürfte kräftig mitgemischt haben.

Der Sänger Manuel Garcia, der erste »Don Giovanni« auf amerikanischem Boden.

Mozarts zweite Heimat

Kurz nach seiner Rückkehr aus Prag wurde Mozart Anfang Dezember 1787 von Joseph II. zum k.k. Kammer-Compositeur mit einem Jahresgehalt von 800 Gulden ernannt. Zu diesem Zeitpunkt hatte Mozart den Zenith seiner Karriere bereits überschritten. *Dieser große Meister hat sich durch seine frühe Bekanntschaft mit der Harmonie so tief und innig mit selbiger vertraut gemacht, daß es einem ungeübten Ohre schwer fällt, ihm in seinen Werken nachzufolgen. Selbst geübtere müssen seine Sachen mehrmals hören,* urteilte das 1790 erschienene »Historisch-Biographische Lexikon der Tonkünstler«. 1813 hatte der gleiche Autor seine Meinung revidiert und entschuldigte sein 1790 gefälltes Urteil: Mozart *war ein Meteor am musikalischen Horizonte, auf dessen Erscheinung wir noch nicht vorbereitet waren.*

Mozart gilt heute als »Klassiker«, und es ist schwer bei den heutigen Hörgewohnheiten, denen Dissonanzen, Chromatik etc. bestens vertraut sind, nachzuvollziehen, was auf Mozarts Zeitgenossen so neuartig und irritierend wirkte. Darüber hinaus läßt sich die damalige Klangwirkung nicht rekonstruieren, da selbst, wenn auf alten Instrumenten gespielt wird, das akustische Umfeld nicht wieder hergestellt werden kann. Man stelle sich heutzutage ein E-Musik-Konzert vor, begleitet von Stühlerücken, Kleiderrauschen, Gläserklirren, munterem Geplauder der Zuhörer und der Unruhe ständig kommender und gehender Gäste, dazu dichten Tabakqualm und den Geruch von Parfüm, Puder und Schweiß, gut gemischt in einer von Kerzenlicht erhitzten, stickigen Luft.

Schon der ungewohnte Ton seines »Figaro« hatte die Wiener befremdet und sein in Prag so heißumjubelter »Don Giovanni« fiel bei der Wiener Premiere am 7. Mai 1788 beinahe durch. Joseph II. soll über diese Oper geäußert haben, sie sei göttlich, vielleicht noch schöner als der »Figaro«, *aber sie ist keine Speise für die Zähne meiner Wiener.* Auch wenn »Don Giovanni« im gleichen Jahr noch 15mal wiederholt wurde, so gefiel er den Wienern trotzdem nicht.

Bereits im April 1786 hatte Mozart seine letzte Akademie im Burgtheater gegeben, weitere eigene Konzertprojekte zerschlugen sich. Für seine 1789 angekündigten Subskriptionskonzerte fanden sich kaum Interessenten, ebenso inserierte er mehrmals vergeblich, um Käufer für neue Streichquintette zu finden. Er blieb aber weiterhin sowohl als Solist als auch mit seinen Kompositionen im Konzertprogramm befreundeter Musiker vertreten.

In seiner Wiener Anfangszeit hatte Mozart beim Komponieren noch den Publikumsgeschmack berücksichtigt: *um Beifall zu erhalten, muß man Sachen schreiben, die so verständlich sind, daß es ein Fiaker nachsingen könnte.* Je weiter seine musikalische Entwicklung aber schritt, desto mehr lehnte es Mozart - sich seines künstlerischen Wertes bewußt - ab, sich den Wiener Ohren zu beugen und etwas zu fabrizieren, das er selbst als musikalischen Firlefanz empfunden hätte.

Mozart am Klavier, portraitiert von seinem Schwager Joseph Lange.

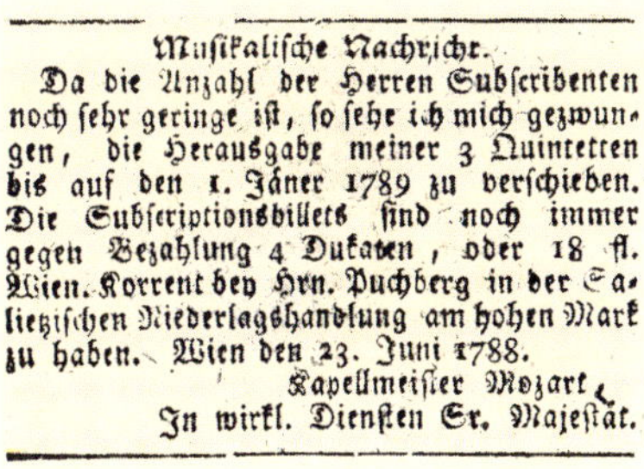

Musikalische Nachricht.

Da die Anzahl der Herren Subscribenten noch sehr geringe ist, so sehe ich mich gezwungen, die Herausgabe meiner 3 Quintetten bis auf den 1. Jäner 1789 zu verschieben. Die Subscriptionsbillets sind noch immer gegen Bezahlung 4 Dukaten, oder 18 fl. Wien. Korrent bey Hrn. Puchberg in der Saliezischen Niederlagshandlung am hohen Mark zu haben. Wien den 23. Juni 1788.

Kapellmeister Mozart,
In wirkl. Diensten Sr. Majestät.

Aus der »Wiener Zeitung« vom 25. Juni 1788.

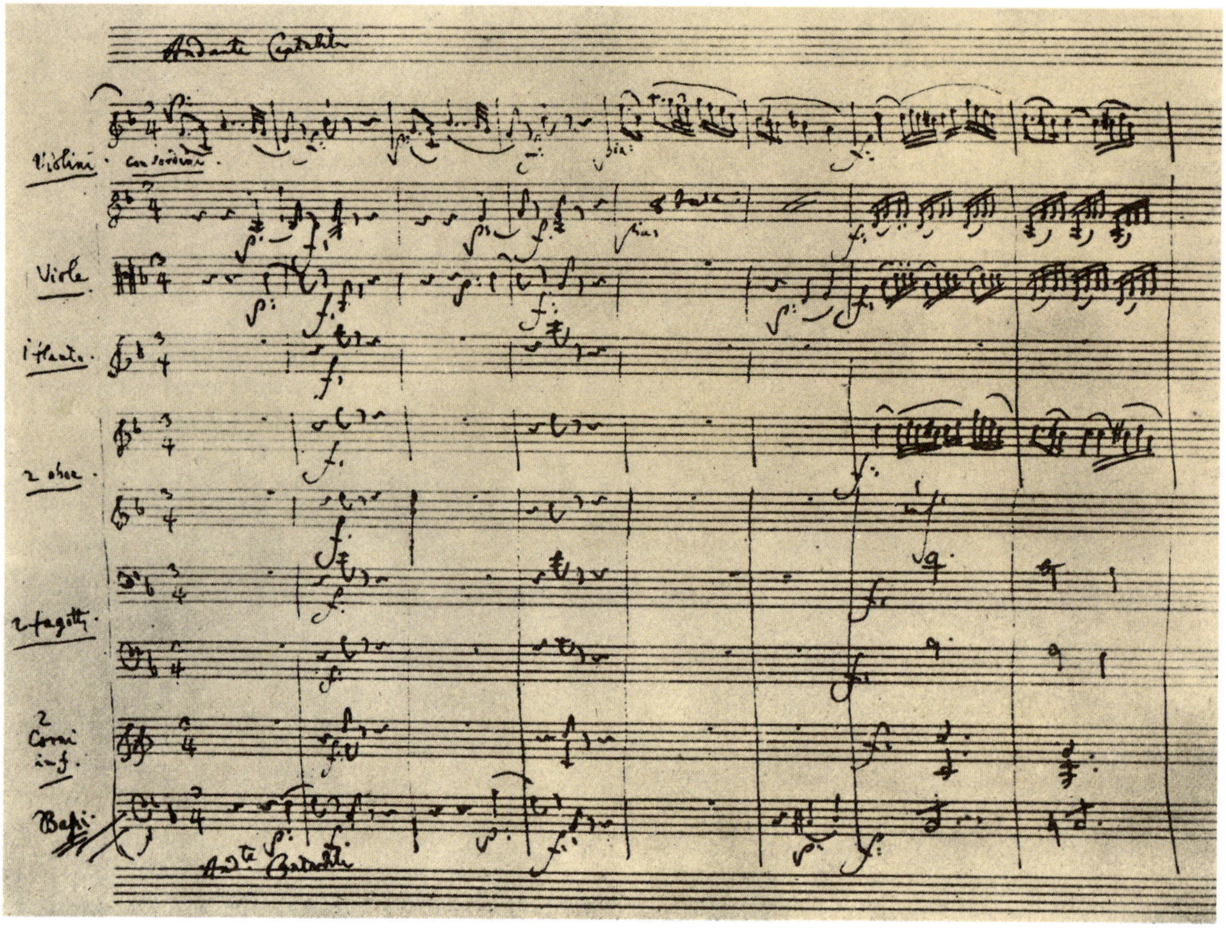

Innerhalb von wenigen Monaten schrieb Mozart drei Symphonien. Die letzte von diesen dreien - als Nr. 41 die letzte Symphonie Mozarts überhaupt - vollendete er im August 1788.

Es ist richtig, daß Mozart spätestens ab 1787 in ernsthafte finanzielle Schwierigkeiten geriet und 1788 drei Symphonien komponierte, die heute zu den Höhepunkten des Konzertlebens zählen, von denen aber vermutlich nur eine zu seinen Lebzeiten aufgeführt wurde. Falsch ist aber das Klischee vom resignierenden Künstler, der vereinsamt und versteckt im Hinterstübchen für die Nachwelt unsterbliche Meisterwerke in der Schublade hortete, weil er von den Zeitgenossen verkannt wurde. So »out« war Mozart selbst in seinen schlimmsten Krisenjahren nicht, und voll Optimismus, daß Qualität sich durchsetze, schrieb er mit Sicherheit auch diese Symphonien im Hinblick auf baldige Aufführungen.

Häufiger Wohnungswechsel ist angesagt

Bei seiner Ankunft in Wien im Quartier seines gestrengen Dienstherrn untergebracht, nahm sich Mozart im Mai 1781 ein möbliertes Zimmer - sehr zum Entsetzen des Vaters bei der Familie Weber, die Mozart nur zu gut aus Mannheim kannte.

Das Auf und Ab seiner Wiener Jahre spiegelt sich auch in Mozarts häufigem Wohnungswechsel wider, der wie ein Seismograph seiner Karriere wirkt. Im Mai 1781 im »Auge Gottes« bei seiner künftigen Schwiegermutter zur Untermiete abgestiegen, nahm er sich im August des gleichen Jahres auf Drängen seines Vaters, der den verheerenden Einfluß der Weberschen Sippe auf seinen vertrauensseligen Sohn fürchtete, ein möbliertes Zimmer am »Graben«. Nach seiner Eheschließung im August 1782 zog er mit seiner jungen Frau in eine eigene Wohnung »Auf der Hohen Brücke« im Großhauptischen Haus. Im Dezember des gleichen Jahres siedelte das junge Glück in das »Klein-Herbersteinsche« Haus über, das einem Freund und Gönner Mozarts, Baron Wetzlar von Planckenstein, *einem reichen Juden*, gehörte. *Nun, da habe ich ein Zimmer - 1000 Schritt lang und einen breit - und ein Schlafzimmer - dann ein Vorzimmer - und eine schöne große Küche.* Zwei große leerstehende Nachbarzimmer durften die Mozarts für Gesellschaften nutzen. Im Februar 1783 benötigte Baron Wetzlar die Wohnung aber anderweitig und zahlte den Mozarts sowohl den Umzug als auch die Miete für *eine schlechte Logis* im Haus »Zum englischen Gruß« am Kohlmarkt.

Im Januar 1784 zogen die Mozarts in den Trattnerhof, einem prächtig mit Figuren dekorierten Gebäudekomplex auf dem Graben, wo Mozart im großen Saal des Hauses auch drei Konzertabende gab, bei denen er jeweils ein neues Klavierkonzert aufführte.

Im April 1783 nahmen sich Mozart und seine inzwischen wohlgerundete Constanze eine andere Wohnung im »Burgischen Haus« am Judenplatz, wo im Juni Mozarts erster Sohn Leopold Raimund geboren wurde, dessen Taufpate Baron Wetzlar wurde. Im Januar 1784 zogen die Mozarts schon wieder um, diesmal in den Trattnerhof am »Graben«, 2. Stiege, III. Stock. Auch der Besitzer dieses großen Gebäudekomplexes, der Verleger Thomas von Trattner, war ein Freund Mozarts, und seine Frau Maria Theresia gehörte zu seinen ersten Klavierschülerinnen. Nicht nur, daß Trattner seinem musikalischen Mieter die Miete billiger ließ und ihm für mehrere Konzerte einen großen Saal zur Verfügung stellte, er und seine Frau waren auch Taufpaten von vier Kindern der Mozarts.

Ende September hatte Constanze, eine Woche nach der Geburt ihres zweiten Kindes Carl Thomas, den vorläufig letzten Umzug hinter sich gebracht. In der Vierzimmerwohnung in der Schulerstraße blieben die Mozarts - für den nicht gerade geringen Betrag von 450 Gulden Jahresmiete - zweieinhalb Jahre, hier besuchte Leopold Mozart seinen Sohn im Frühjahr 1785, hier komponierte Mozart unter anderem seinen »Figaro«, hier erlebte er die Triumphe seiner Karriere.

1787durfte Constanze dafür gleich zwei Umzüge organisieren, den ersten im April hinaus in die Wiener Vorstadt Landstraße, den zweiten im Dezember wieder hinein in die Innenstadt. Von den »Tuchlauben« ging es dann im Juni 1788 wieder hinaus in die Vorstadt Alsergrund, wo die neue Wohnung vor allem den Vorzug hatte, *wohlfeil* zu sein.

FANTAISIE et SONATE
Pour le Forte-Piano
composées pour
MADAME THERESE de TRATTNERN
par le Maitre de Chapelle
W. A. MOZART.
Oeuvre XI.
Publié a Vienne chez Artaria Comp

Maria Theresia Trattner war nicht nur eine Klavierschülerin Mozarts, sondern auch 1787 die Taufpatin seiner ersten Tochter, die allerdings nur ein halbes Jahr alt wurde.

In der Schulerstraße im I. Stock bewohnten die Mozarts ab September 1784 zweieinhalb Jahre lang eine 4-Zimmerwohnung.

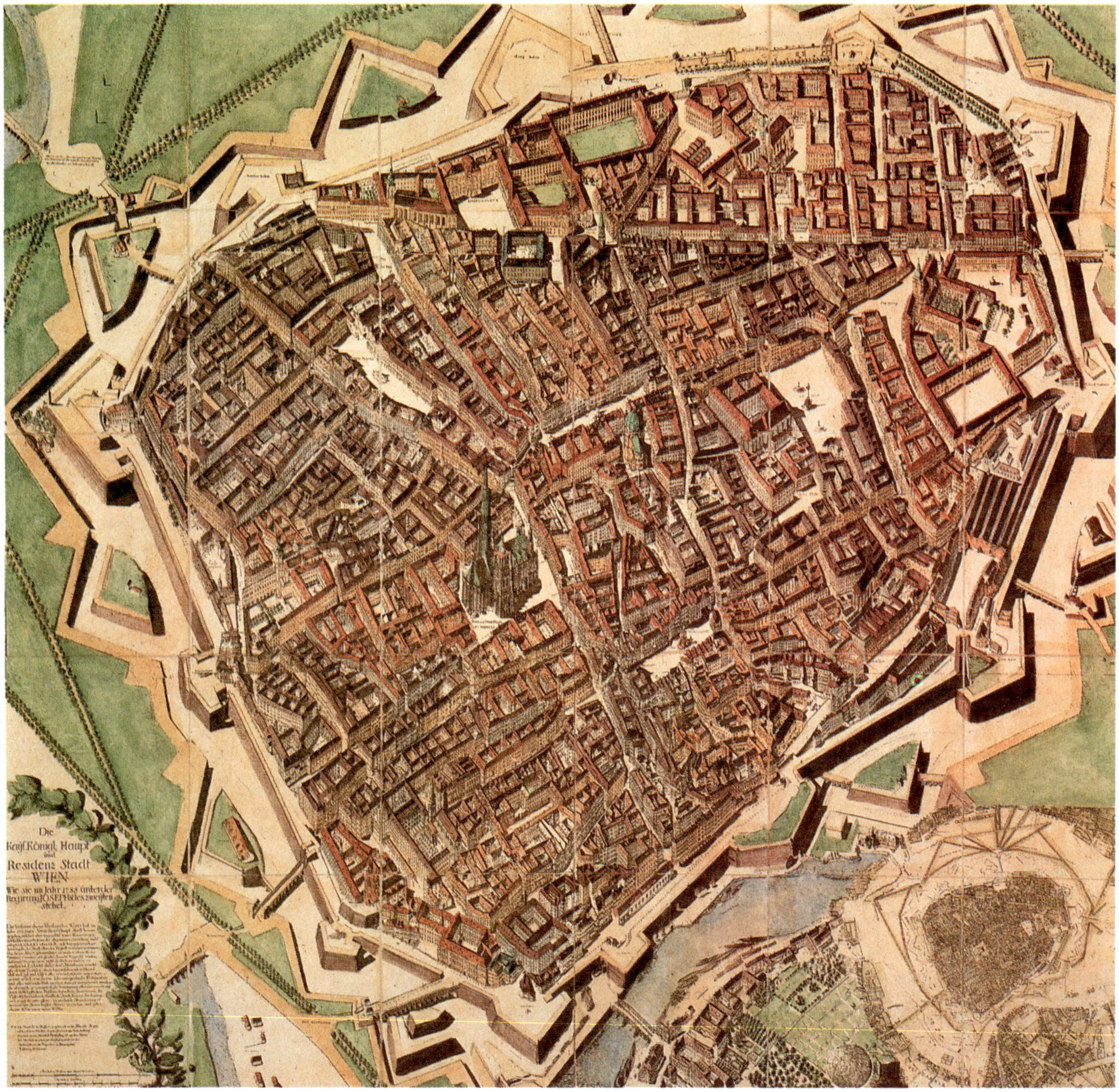

Die k. und k. Haupt- und Residenzstadt Wien - Schauplatz der Mozartschen Wohnungsodyssee.

Ab Juni 1788 sind Mozarts finanzielle Schwierigkeiten auch schriftlich überliefert. Seine »Bettelbriefe« an den Kaufmann Michael Puchberg sollten bis zu Mozarts Tode nicht aufhören, insgesamt dürfte Puchberg ihm über 1400 Gulden geliehen haben, von denen er nur einen Teil wiedersah. Die meisten Briefe Mozarts an Puchberg beginnen mit diversen Erklärungen, warum er seine letzten Schulden nicht zurückzahlen könne und enden damit, daß er noch mehr Geld brauche. Der erste »Bettelbrief« stammt vom 17. Juni 1788, aber aus dem Inhalt geht hervor, daß Mozart schon vorher bei Puchberg verschuldet war. Vielleicht waren die 1000 Gulden, die Mozart 1787 aus dem Erbe seines Vaters erhalten hatte und direkt an Puchberg überwiesen wurden, auch schon zum größten Teil für die Schuldentilgung draufgegangen, denn in Geldnöten steckte Mozart bereits Ende 1786, als er den Musikverleger Hoffmeister um einen Vorschuß für noch nicht geschriebene Kompositionen bat.

Kurz bevor die Mozarts diese kostspielige Wohnung wieder aufgaben, soll der 16jährige Beethoven den großen Meister dort besucht haben, um bei ihm Unterricht zu nehmen. Mozart sei auch sehr angetan von Beethovens Talent gewesen, jedoch mußte Beethoven schon am 20. April wieder heim nach Bonn reisen, da seine Mutter schwer erkrankt war.

Die Briefe vermitteln den Eindruck, als ob Mozart zumindest die Jahre 1788 und 1789 in bitterster Armut verbracht hätte, was sich mit dem von der Nachwelt so gern gepflegten Image vom verkannten Genie deckt. In Wahrheit verdankte er seine Finanznöte aber weniger dem schlechten Musikgeschäft, sondern seiner Unfähigkeit, sein Geld zusammenzuhalten. 1786 erhielt er beispielsweise 450 Gulden für den »Figaro«, 225 Gulden für seine Vaudeville »Der Schauspieldirektor«, an Verlegerhonoraren mindestens 80 Gulden, nicht miteingerechnet die Einkünfte aus Musikunterricht und Solistenauftritten, die sicherlich auch nicht schlecht bezahlt waren und mehrere hundert Gulden betragen haben dürften. 1787 fiel noch günstiger aus: rund 1000 Gulden bei der ersten Pragreise, 450 Gulden für den »Don Giovanni« in Prag und weitere 700 aus einer Benefizvorstellung, also über 2000 Gulden, dazu noch die väterliche Erbschaft. Aber selbst das Jahr 1788

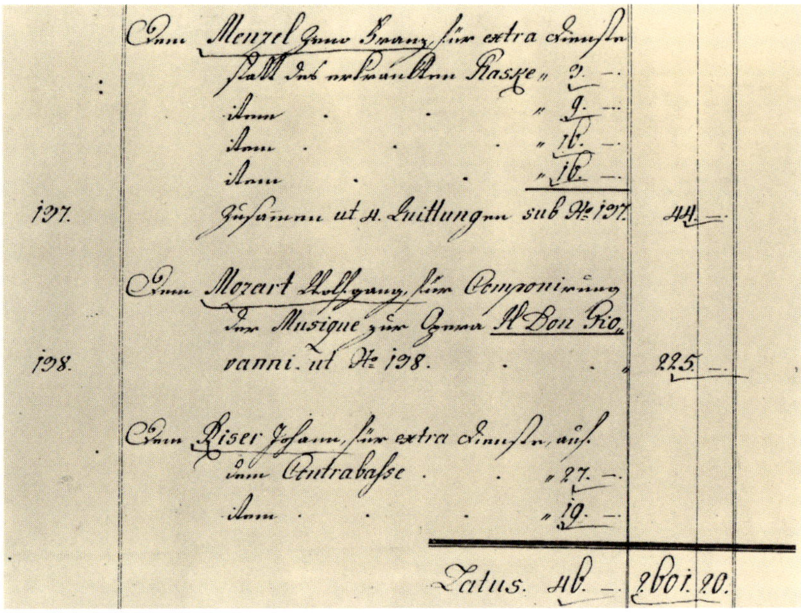
Herrn Menzel Franz, für extra Dienste statt des verstorbenen Raske " 9 —
Item " 9 —
Item " 16 —
Item " 16 —
197. Zusammen ut 4. Quittungen sub No. 197. 44 —

Herrn Mozart Wolfgang, für Componirung der Musique zur Opera Il Don Giovanni. ut No. 198. 225 —
198.

Herrn Riser Johann, für extra Dienste, auf dem Contrabasse " 27 —
Item " 19 —

Latus. 46 — 2601 20

Auf Wunsch Josephs II. und vermutlich auch auf Betreiben Da Pontes wurde der »Don Giovanni« 1788 in Wien aufgeführt. Für die »Componierung der Musique« erhielt Mozart noch einmal von der Hoftheaterdirektion 225 Gulden, obwohl er in Prag schon für die Oper ein Honorar bekommen hatte.

War auch Wolfgang Amadeus Mozart eine Spielernatur?

Im September 1790 zogen die Mozarts in das »Kleine Kaiserhaus« in der Rauhensteingasse.

brachte über 1000 Gulden nachweisbare Einkünfte: 225 Gulden für die Wiener Aufführung des »Don Giovanni« plus 800 Gulden Gehalt. Da er weder mit seiner Solisten- noch mit der Unterrichtstätigkeit aufgehört hatte, muß noch mit weiteren Honoraren gerechnet werden, ebenso für das Jahr 1789, wo er neben seinem regulären Gehalt auch noch auf seiner Frühjahrsreise mit Konzerten über 1000 Gulden einnahm. Als Hoforganist hatte er in Salzburg 450 Gulden erhalten, was der durchschnittlichen Besoldung für diesen Posten entsprach. Das war zwar nicht viel, aber doch eine Summe, über die viele Österreicher selig gewesen wären. Ein Universitätsprofessor verdiente damals ungefähr 300 und ein Oberarzt am Wiener Krankenhaus 800 Gulden. Mozarts Einkünfte in den Jahren 1786-1789 entsprachen ungefähr dem Einkommen eines höheren Beamten, waren also keinesfalls als kärglich zu bezeichnen.

Es wurde viel spekuliert, wo Mozart sein Geld gelassen haben könnte, böse Zungen vermuteten sogar, er habe es an den Spieltischen des Casinos in der »Mehlgrube« verjubelt. Nachweisbar ist aber nur, daß die Mozarts schlicht und einfach über ihre Verhältnisse lebten. Waren sie offensichtlich noch bereit, ihre Wohnungsverhältnisse etwas dem jeweiligen Stand ihrer Haushaltskasse anzupassen, so nicht den restlichen Lebensstil: Sie gingen gern aus, feierten gern und kleideten sich gut und teuer.

Die Neigung zu prächtiger Kleidung hatte Mozart direkt von seinem Vater übernommen, so hatte dieser 1770 stolz aus Rom berichtet: *Sie hielten den Wolfgang für einen deutschen Cavalier, andere gar für einen Prinzen ... und ich ward als sein Hofmeister angesehen,* was er auf ihr »Out-fit« zurückführte. Auf elegante und kostspielige Kleidung legte Wolfgang zeit seines Lebens Wert, in seinem Nachlaß fanden sich: ein roter, ein blauer und ein weißer Tuchrock mit Manchester-Weste, ein brauner Rock aus Atlasseide samt Hose, beides mit Seide bestickt, ein Anzug aus schwarzem Tuch, zwei Umhänge, ein Pelzrock und ein pelzgefütterter Rock,

Sich noch genießerisch die Lippen leckend, schildert Leopold Mozart ein Gastmahl im intimen Freundeskreise bei Gottlieb Stephanie, zu dem er zusammen mit seinem Sohn eingeladen war. »Es wurde nichts als Fleischspeisen aufgetragen, und der Fasan war zur Zuspeise im Kraut, das übrige war fürstlich, am Ende Austern, der herrlichste Konfekt, und viele Boutellien Champagnerwein nicht zu vergessen. Überall Coffee - das versteht sich.« Die Mozarts werden sich sicher nicht nur bei Freunden durchgefressen haben, sondern sich mit vergleichbaren Einladungen revanchiert haben, was ihrer Kasse aber kaum bekommen sein dürfte.

4 Westen, 9 Hosen, 2 Hüte, 3 Paar Stiefel und 3 Paar Schuhe, 9 Paar Seidenstrümpfe, 9 Oberhemden und 4 Halsbinden, 18 Taschentücher, 1 Schlafmütze und 2 Nachthemden, Unterwäsche etc. - nicht gerade die Kleidung eines armen Mannes, der vor lauter Geldnöten nicht mehr ein noch aus weiß, wie sich Mozart noch 1790 selber gegenüber Puchberg darstellte. Unverfroren, wie Mozart sein konnte, bat er unter anderem Puchberg im Mai 1790 - umrankt von drastischen Schilderungen seiner mißlichen Lage - um einen Blitzkredit von 100 Gulden, denn *was mich augenblicklich aber äußerst quälet, ist eine Schuld beim Galanterie-Händler ... welcher, obwohl er anfangs selbst die Unmöglichkeit einsah und sich zufrieden zeigte, nun aber ernstlich und ungestüm die Bezahlung fordert.*
Zu allem Unglück erkrankte Constanze im Sommer 1789 schwer, und der Hausarzt der Mozarts riet ihr zu einer Kur in Baden, die sie auch antrat. Weitere Kuren sollten bis 1791 folgen, die sicher nicht billig waren, aber bei denen die Mozarts auch nicht ans Sparen dachten, so daß noch weitere Kosten auf sie zukamen.

Anfang 1789 hatten die Mozarts vom wohlfeilen Vorstadtleben genug und zogen wieder in die Innenstadt in das Haus »Zur Mutter Gottes« am Judenplatz. Ende September 1790 managte dann Constanze ihren letzten Umzug zu Mozarts Lebzeiten. Die Wohnung im »Kleinen Kaiserhaus« in der Rauhensteingasse war vielleicht etwas dunkel, aber mit vier Zimmern und insgesamt rund 145 qm Wohnfläche sicherlich kein Elendsquartier, sondern eine repräsentative Unterkunft, in der auch genügend Platz bestand, Mozarts geliebten Billardtisch aufzustellen.

Im Dezember 1791 starb Mozart in dieser Wohnung, und es bleibt offen, ob sie unter anderen Umständen seine letzte Wohnung in Wien geblieben wäre. Vieles deutet aber darauf hin, daß sich die Mozarts hier wirklich häuslich niederlassen wollten und beabsichtigten, endlich ein etwas ruhigeres und weniger chaotisches Leben zu führen als bisher.

Egal, wie schlecht es ihnen ging, die Mozarts hatten immer mindestens ein Dienstmädchen, zeitweilig auch zwei und einen Diener. Allerdings kosteten Dienstmädchen damals auch nicht sehr viel, bei freier Kost und Logis bekamen sie statt eines Gehaltes ein besseres Taschengeld.

Mozart, gezeichnet von Dora Stock, während seines Aufenthaltes in Dresden im Frühjahr 1789.

Wien bleibt Wien

Für Mozart war Wien *ein herrlicher Ort,* trotzdem ging seine Liebe zu Wien zunächst nicht so weit, daß er nun auf Gedeih und Verderb unbedingt in dieser Stadt bleiben wollte. *Die Herren Wiener, worunter aber hauptsächlich der Kaiser verstanden ist, sollen nur nicht glauben, daß ich wegen Wien allein auf der Welt sei . . . Ich glaube, soviel im Stande zu sein, daß ich jedem Hofe Ehre machen werde. - Will mich Deutschland, mein geliebtes Vaterland . . . nicht aufnehmen, so muß in Gottes Namen Frankreich oder England wieder um einen geschickten Deutschen mehr reich werden: - und das zur Schande der deutschen Nation,* verkündete er im Sommer 1782, beschloß aber, den Wienern noch etwas Zeit zu geben, sein Genie angemessen zu honorieren, was sie dann ja auch eine Zeitlang taten.
Als 1786 das Geschäft abflaute, kokettierte Mozart wesentlich ernstgemeinter mit dem Ausland. Er bat einen seiner Schüler, den Engländer Thomas Attwood, ihm in London Opernaufträge zu verschaffen und fragte bei seinem Vater nach, ob dieser bereit sei, gegebenenfalls die Kinder in Obhut zu nehmen, was Leopold katego-

Auf seiner Reise gab Mozart am 14. April in Dresden ein Konzert vor Kurfürst Friedrich August III., für das er »eine recht schene Dose« gefüllt mit 100 Dukaten erhielt.

Friedrich Wilhelm II., 1786 seinem Onkel Friedrich dem Großen auf den preußischen Thron gefolgt, war ein sinnesfreudiger und kulturell vielseitig interessierter Monarch, der selber gern Cello spielte, bis sein ständig zunehmender Leibesumfang ihm das Musizieren zu sehr erschwerte.

risch ablehnte. Aber erst seine triumphale erste Pragreise und der Auftrag für »Don Giovanni« ließen die Englandpläne zurücktreten.
Im Frühjahr 1789 begleitete Mozart den Fürsten Lichnowsky, einen Schwiegersohn der Gräfin Thun, der später Beethoven sehr fördern sollte, auf einer Reise nach Sachsen und Preußen. Mozart wird diese Reise sicher nicht nur für Konzertauftritte genutzt haben, um sich als Komponist und Solist in Erinnerung zu bringen, sondern dürfte sowohl in Dresden als auch in Berlin diskret nachgeforscht haben, ob nicht ein attraktiver Posten für ihn frei sei.

Der preußische König soll ihm übrigens, zumindest nach Constanzes Bericht, eine mit 3000 Talern Jahresgehalt ausgestattete Stelle angeboten haben, die Mozart aber nicht annahm, weil er seinen guten Kaiser nicht verlassen könne. Wieweit dieser Bericht stimmt und ob ihn wirklich seine Anhänglichkeit an Joseph II. oder ein früher Fall von Preußenhaß dazu bewogen haben, die wahrhaft königliche Offerte auszuschlagen, sei dahingestellt, auf alle Fälle verließ Mozart Berlin wieder mit dem Auftrag für sechs Streichquartette und sechs Klaviersonaten in der Tasche, und Friedrich Wilhelm II. hatte sich seinen Namen gemerkt, denn kurz

In Berlin war Mozart am 26. Mai zu Gast im Berliner Stadtschloß, zwei Tage später verließ er - mit einem königlichen Auftrag über sechs Streichquartette und sechs Klaviersonaten versehen - schon wieder die Stadt.

nach Mozarts Tod verkaufte Constanze dem preußischen König für gutes Geld eine Raubkopie des Requiems. Offensichtlich überzeugte spätestens diese Reise Mozart davon, daß Wien doch nach wie vor zum Leben der beste Ort sei, denn er lehnte Ende 1790 mehrere lukrative Angebote englischer Konzertagenten ab, nach London zu kommen. Josef Haydn hingegen nahm diese Einladungen an, machte in London eine zweite Karriere und kehrte als reicher Mann nach Wien zurück.

Die Mozarts hatten angefangen, ernst zu machen mit ihrem Entschluß, sich fest in Wien zu etablieren. Ein im Herbst 1790 aufgenommener Kredit über 1000 Gulden, für den Mozart sein gesamtes Mobiliar als Sicherheit verpfändete, dürfte als Startkapital geholfen haben, die Finanzmisere wieder in den Griff zu bekommen. Kurzfristig wurde zwar immer noch Michael Puchberg angebettelt, aber im großen und ganzen scheinen die Mozarts nun finanziell über die Runden gekommen zu sein.

Auch beruflich wendete sich 1790 das Blatt. Seine am 26. Januar 1790 am Burgtheater uraufgeführte »Cosi fan Tutte«, für die er 900 Gulden Honorar erhielt, kam zwar nicht so recht zur Geltung, weil kurz nach der Premiere das Theater wegen Hoftrauer schließen mußte - erst starb Prinzessin Elisabeth und dann am 20. Februar Joseph II. -, aber Mozart machte sich zunächst Hoffnungen, durch den Kaiserwechsel eine neue Stelle am Hofe zu erhalten: Sein Gesuch wurde allerdings abschlägig beschieden. Dafür erhielt er im Juli 1791 sehr kurzfristig von den böhmischen Ständen den Auftrag, für die Krönung Kaiser Leopolds II. zum böhmischen König am 6. September eine Oper zu schreiben. Am Vorabend der Premiere

war er mit der Komposition fertig, und »La clemenza di Tito« konnte am Krönungstag - vom Maestro selbst dirigiert - planmäßig über die Bühne gehen.
Der Auftrag für den »Titus« erreichte Mozart zu einem Zeitpunkt, wo er sich innerlich schon vom Hofe und vom höfischen Musikleben abgewendet hatte. Zum einen bemühte sich Mozart nicht mehr, in kaiserliche Dienste genommen zu werden, sondern hatte gerade eine Bewerbung beim städtischen Magistrat für die - mit 2000 Gulden exzellent bezahlte - Kapellmeisterstelle an St. Stephan laufen, die beim Magistrat auch auf Interesse stieß, zum anderen entdeckte er auf musikalischem Sektor die Volksoper für sich.
Es gab zwei große populäre Theater in Wien, das Leopoldstädter und das Freihaustheater, die beide großen Bedarf an Stücken hatten und sicher auch Mozart über Jahre hinaus ein reiches Betätigungsfeld geboten hätten. Mozart saß gerade bei der Arbeit an der »Zauberflöte«, als das Prager Angebot eintraf, und er stürzte sich gleich nach seiner Rückkehr Mitte September wieder auf die Partitur, die er am 28. September 1791 beendete. Zwei Tage später dirigierte er, wie üblich vom Klavier aus, die Premiere im Freihaustheater.

Als der Dichter Ludwig Tieck am 19. Mai 1789 in die Oper ging, um sich Mozarts »Entführung aus dem Serail« anzuhören, erblickte er vor Beginn der Vorstellung »im Orchester einen ihm unbekannten Mann. Er war klein, rasch, beweglich und blöden Auges, eine unansehnliche Figur im grauen Überrock. Er ging von einem Notenpult zum anderen, und schien die aufgelegten Musikalien eifrig durchzusehen. Ludwig begann sogleich ein Gespräch anzuknüpfen. Man unterhielt sich vom Orchester, vom Theater. Unbefangen sprach er seine Ansichten aus, aber mit der höchsten Bewunderung von den Opern Mozarts. „Sie hören also Mozarts Opern oft und lieben sie?" fragte der Unbekannte, „Das ist ja schön von Ihnen, junger Mannn." Man setzte die Unterhaltung noch eine Zeit lang fort, der Zuschauerraum füllte sich allmählich, endlich wurde der Fremde von der Bühne her abgerufen«. Im Nachhinein stellte Tieck fest, daß das unscheinbare Männchen Mozart selbst gewesen war.

Im Sommer 1791 erhielt Mozart den Auftrag, für die Krönung Leopolds II. zum böhmischen König eine Oper zu schreiben. Seit Pietro Metastasio 1734 das Libretto für »La Clemenza di Tito« geschrieben hatte, war dieser Text in über 20 Vertonungen die Lieblingsoper für hochherrschaftliche Festivitäten wie Krönungen, kaiserliche Geburtstage etc., und so kam auch Mozart nicht an diesem Dauerbrenner vorbei. Er ließ allerdings das Libretto gründlich überarbeiten und verblüffte sowohl die Prager als auch ihre Majestäten mit einer völlig neuartigen Musik, die mit ihren filigranen Strukturen wenig vom bombastischen Oper-Seria-Stil übrigließ.

SPQR

Eine Freimaurerversammlung in einer Wiener Loge, Wien 1780/90.

Mozart bei einer Sitzung seiner Loge.

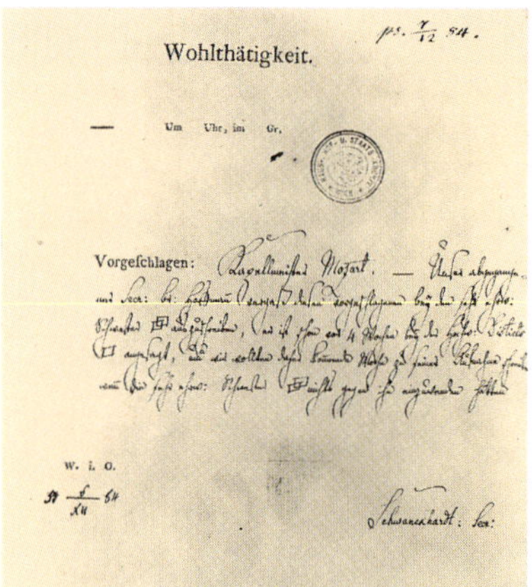

Wohlthätigkeit.

— Um Uhr, im Gr.

Vorgeschlagen: Mozart. —

W. i. O.

Schreiben der Loge »Zur Wohltätigkeit« über die Aufnahme Mozarts am 6. Dezember 1784.

Heil sei euch Geweihten

Es zeugt von Mozarts Wagemut, nach dem »Figaro« erneut ein Thema voll gesellschaftlicher Brisanz auf die Bühne zu bringen. Die Zauberflöte ist bei aller Komik und Volkstümlichkeit auch eine Hommage an die Freimaurerei, zu der sich Mozart seit 1784 bekannte. Schon 1781 hatte er in seinem Aufbegehren gegen die arrogante Behandlung durch Graf Arco geschrieben: *Das Herz adelt den Menschen; und wenn ich schon kein Graf bin, so habe ich vielleicht mehr Ehre im Leib als mancher Graf,* und hatte sich damit deutlich als Geisteskind der Aufklärung ausgewiesen, die auch die freimaurischen Vorstellungen von Freiheit, Gleichheit, Gerechtigkeit, Toleranz und Wohltätigkeit geformt hatte.

Die

Freymaurer.

Ein Lustspiel

in

drey Aufzügen.

Aufgeführt auf dem k. k. Nationalhoftheater.

Wien,

zu finden beym Logenmeister 1784.

»Die Freimaurer«. Ein Lustspiel in drei Aufzügen von Friedrich Ludwig Schröder, Wien 1784.

Freimaurerstücke auf dem Theater mit mehr oder weniger freimaurischem Inhalt waren zwar nichts Neues, jedoch war just zu dem Zeitpunkt, als Mozart in seine neue Oper meisterhaft maurische Zahlensymbolik einkomponierte, ein Kesseltreiben gegen die österreichischen Logen im Gange. Bis 1785 war der Eintritt in eine Freimaurerloge in Wien geradezu ein gesellschaftliches Muß gewesen, denn hier versammelte sich die Intelligenz der Wiener Gesellschaft - hohe Adlige, bedeutende Staatsbeamte, Naturwissenschaftler, Philosophen, Literaten, Musiker etc. - regelmäßig nicht nur zur Pflege maurischer Gesinnung, sondern auch zu regem Gesprächs- und Informationsaustausch.

K.K. priv. L. II. Wiedner Theater

Heute Freytag den 30ten September 1791.

Werden die Schauspieler in dem kaiserl. königl. privil. Theater auf der Wieden die Ehre haben aufzuführen

Zum Erstenmale:

Die

Zauberflöte.

Eine grosse Oper in 2 Akten, von Emanuel Schikaneder.

Personen

Sarastro.	Hr. Gerl.
Tamino.	Hr. Schack.
Sprecher.	Hr. Winter.
Erster Priester.	Hr. Schikaneder der ältere.
Zweiter Priester.	Hr. Kistler.
Dritter Priester.	Hr. Moll.
Königin der Nacht.	Mad. Hofer.
Pamina ihre Tochter.	Mlle. Gottlieb.
Erste Dame.	Mlle. Klöpfer.
Zweite Dame.	Mlle. Hofmann.
Dritte Dame.	Mad. Schack.
Papageno.	Hr. Schikaneder der jüngere.
Ein altes Weib.	Mad. Gerl.
Monostatos ein Mohr.	Hr. Nouseul.
Erster Sklav.	Hr. Giesecke.
Zweiter Sklav.	Hr. Frasel.
Dritter Sklav.	Hr. Starke.
Priester, Sklaven, Gefolge.	

Die Musik ist von Herrn Wolfgang Amade Mozart, Kapellmeister, und wirklicher K. K. Kammerkompositeur. Herr Mozard wird aus Hochachtung für ein gnädiges und verehrungswürdiges Publikum, und aus Freundschaft gegen den Verfasser des Stücks, das Orchester heute selbst dirigiren.

Die Bücher von der Oper, die mit zwei Kupferstichen versehen sind, wo Herr Schikaneder in der Rolle als Papageno nach wahrem Kostum gestochen ist, werden bei der Theater-Kassa vor 30 kr. verkauft.

Herr Gayl Theatermahler und Herr Nesslthaler als Dekorateur schmeicheln sich nach dem vorgeschriebenen Plan des Stücks, mit möglichstem Künstlersfleiß gearbeitet zu haben.

Die Eintrittspreise sind wie gewöhnlich.

Der Anfang ist um 7 Uhr.

Theaterzettel der Uraufführung der »Zauberflöte« im Freihaustheater am 30. September 1791.

1785 wurden Kaiser Joseph II., so sehr er der Aufklärung huldigte, die maurischen Aktivitäten mit ihrem Bruderschaftsdenken, dem Verschwiegenheitsgebot und ihren geheimnisvollen Ritualen doch etwas zu unheimlich und unübersichtlich: Er verfügte eine Reduzierung der Logen, forderte Mitgliederlisten an und leitete damit einen frappanten Niedergang der Logenarbeit ein. Die Logen verloren als Treffpunkt der besseren Gesellschaft und Kontaktschmiede an Attraktivität und viele aus Opportunismus eingetretene Mitglieder schieden aus.
Nicht so Mozart, der zeit seines Lebens ein engagierter Freimaurer blieb und sich intensiv mit dem maurischen Gedankengut auseinandersetzte. Es gelang ihm, auch seinen Vater dafür zu interessieren, der bei seinem Wienaufenthalt 1785 ebenfalls der Loge beitrat. Zu seinen Logenbrüdern gehörte neben vielen anderen wie beispielsweise Fürst Lichnowsky, sein Reisegefährte auf der Berlinreise, auch Mozarts finanzieller Rettungsanker - Michael Puchberg.

Unter dem neuen Kaiser Leopold II. wurde die Aufsicht über die Freimaurer noch verschärft, da die Geheimpolizei die Meinung vertrat, daß die Französische Revolution vorwiegend ein Werk der Freimaurer sei. In einem Memorandum schrieb der österreichische Polizeiminister im Januar 1791: *man weiß es als Tatsache, daß mehrere geheime Gesellschaften … nicht, wie sie vorgeben, bloß vernünftige Aufklärung und tätige Menschenliebe zum Zwecke haben, sondern daß ihre Ansicht auf nichts weniger gehe, als das Ansehen und die Macht der Monarchen nach und nach zu untergraben, Freiheitssinn bei den Nationen aufzuregen, die Denkungsart des Volkes umzustimmen, und solche durch eine geheime Oberherrschaft nach ihren Absichten zu lenken.* Von Revolutionsgeist und Anstiftung zum Ungehorsam findet sich in der »Zauberflöte« nichts, dafür wird die Einordnung in eine gesellschaftliche Hierarchie thematisiert, die auf Wissen und Weisheit begründet ist, wobei Vernunft und tätige Menschenliebe als Hauptmotive die ganze Oper durchziehen. Die »Zauberflöte« wirkt fast wie eine öffentliche Antwort Mozarts auf das geheime Memorandum der Geheimpolizei.

Wen solche Lehren nicht erfreuen

In diesen heil'gen Hallen kennt man die Rache nicht, und ist ein Mensch gefallen, führt Liebe hin zur Pflicht. Dann wandelt er an Freundes Hand vergnügt und froh ins beßre Land. In diesen heil 'gen Mauern, wo Mensch den Menschen liebt, kann kein Verräter lauern, weil man dem Feind vergibt. Wen solche Lehren nicht erfreun, verdienet nicht, Mensch zu sein.

Freimaurische Ideale sind ein Bestandteil des »Zauberflöten«-Librettos, Liebe, handfeste Komik und effektvoller Bühnenzauber die anderen Zutaten, die dafür sorgen, daß die »Zauberflöte« seit ihrer Uraufführung am 30. September 1791 bis heute ein Publikumsrenner geblieben ist. Aufklärungsoper, Freimaureroper, Volksoper, Märchenoper, kompletter Unfug - die »Zauberflöte« mußte sich viele Etikettierungen gefallen lassen: Die Zuschauer interessiert dieser Gelehrtenstreit weniger, sondern jung und alt lassen sich jedesmal wieder gern für einige Stunden in die Zauberflötenwelt entführen. Die »Zauberflöte« ist unbestreitbar die volkstümlichste aller Opern Mozarts, wobei die Musik keineswegs banal oder simpel ist.

Vom Choral bis zur exzessiven Koloraturarie zog Mozart auch in diesem Stück wieder alle Register seines Könnens und schuf erneut ein einzigartiges Werk, das den Zuhörer in seinen Bann schlägt. Sicher ist Mozarts unvergleichliche Musik der Hauptgrund für die anhaltende Beliebtheit der »Zauberflöte«, aber der Anteil des Librettisten - Emanuel Schikaneder - an der Bühnenwirksamkeit darf nicht unterschätzt werden.

Wann Schikaneder und Mozart den konkreten Plan faßten, gemeinsam auf der Bühne des Freihaustheaters eine Oper herauszubringen, ist nicht bekannt. Ebensowenig läßt sich feststellen, wieweit Mozart Einfluß auf das Libretto genommen hat. Ungeklärt wird wohl auch bleiben, auf wessen Konto der logische Bruch innerhalb des Librettos zurückzuführen ist. Man wird vermutlich nie mehr erfahren, warum aus dem ursprünglich als Bösewicht angelegten Mädchenräuber Sarastro plötzlich das Prinzip des Guten wird, während sich die Königin von einer sorgenvollen Mutter zu einer rasenden Furie entwickelt.

Für ihre Logenarbeit verwendeten die Freimaurer sogenannte »Arbeitsteppiche«, die mit maurischen Symbolen versehen waren. Neben dem »Handwerkszeug« der Maurer wie Zirkel und Winkelmaß spielten auch andere Symbole wie das »Jahwe«-Emblem oder die Zeichen für Licht und Dunkel eine wichtige Rolle bei den Ritualen, die von vorderasiatischen Kulten beeinflußt waren.

Viele der freimaurischen Embleme und Symbole finden sich auch auf einem Kupferstich im Zauberflöten-Textbuch, das 1791 von Ignaz Alberti, selbst ein Freimaurer, gezeichnet und gedruckt wurde.

»Die Bücher von der Oper, die mit zwei Kupferstichen versehen sind, wo Herr Schikaneder in der Rolle als Papageno nach wahrem Kostüm gestochen ist, werden bei der Theater-Cassa für 30 Kreuzer verkauft.«

Das Grundmodell der Handlung der »Zauberflöte«, eine geschickte Kombination von Schauer- und Rührgeschichte, bei der die Liebe nicht zu kurz kommen durfte, angereichert durch exotisches Ambiente und geheimnisvolle Zeremonien, war nicht neu, sondern bereits auf ihre Publikumswirksamkeit hin reichlich erprobt. Schikaneder hatte kurz vorher gerade ein Stück ähnlicher Bauart - den »Stein der Weisen« - verfaßt und aufgeführt. Literarische Vorlage war hierfür wie für die »Zauberflöte« Wielands Märchensammlung »Dschinnistan«. Und dennoch war die Zauberflöte etwas substantiell Neues. Das hier verkündete Streben nach Harmonie und Glückseligkeit, das sowohl die menschlichen Grundbedürfnisse als auch den Wunsch nach geistigem Glück einschließt, gehörte nicht zu dem üblichen Schema der nur der Zerstreuung dienenden Zauberstückchen, sondern hier werden wichtige Ideale der Aufklärung auf die Bühne gebracht. Mögen diese Ideale in Schikaneders Versen vor Pathos triefend nicht so recht überzeugen, so zeigt jedoch die Art, wie Mozart sie in Musik setzte, daß es ihm sehr ernst damit war - Humanität und Liebe zum Menschen waren ihm das wesentlichste Anliegen.

Es entsprach auch Mozarts Humor und seiner Freude am Lachen, daß die Komik in dieser Oper nicht zu kurz kommen durfte. Hierfür war Schikaneder Fachmann. Die Rolle des Papageno schrieb er sich selbst auf den Leib und Mozart schneiderte ihm dazu das entsprechende musikalische Gewand. Gleichzeitig wurde mit der Gestaltung Papagenos und seiner menschlichen Nöte aber auch verhindert, daß die »Zauberflöte« zu einer moralisierenden Intellektuellen-Oper verkommen würde, in der sich das Volk nicht hätte wiederfinden können. Mit Papageno kann sich wohl jeder, wenn er ehrlich ist, identifizieren. Ein Bindeglied zwischen der von Papageno vertretenen Lebensanschauung und Sarastro und Tamino, die mit ihrem rigiden Streben nach Weisheit manchmal geradezu unmenschlich wirken, bildet Pamina, die eindrücklich darauf hinweist, daß neben der Weisheit auch die Liebe unerläßlich für das menschliche Glück ist.

Während Mozarts in dieser Oper gefundene Tonsprache zu Recht höchstes Lob erzielt und als Meisterwerk verherrlicht wird, ist das Textbuch Angriffspunkt vieler Kritiken. Kein anderer der Librettisten Mozartscher Opern wurde so geschmäht wie Emanuel Schikaneder, der Autor der »Zauberflöte«. Die Qualität seiner Verse wurde bemängelt, der Inhalt als banal gerügt und ihm wurde die Unlogik der Handlung zur Last gelegt: »Übles Machwerk« gehört noch zu den freundlichen Bezeichnungen für das Textbuch. Auch wenn die Handlung nicht vor Logik strotzt und die Verse nicht unbedingt zur Spitzenleistung der deutschen Literatur gehören, so wird dabei doch leicht übersehen, daß Mozart mit Schikaneder ein erfahrener Bühnenpraktiker zur Seite stand, der seine Texte nicht zur Erbauung irgendwelcher Gelehrter, sondern für sein zahlendes Publikum schrieb.

Schikaneder - der Publikumsfänger

Schikaneders Theater lag in der Wiener Vorstadt Wieden im sogenannten Freihaus, einem riesigen Gebäudekomplex mit sechs Höfen, 32 Treppenhäusern, 225 Wohnungen, zahlreichen Werkstätten und einer eigenen kleinen Kirche. Mittendrin befand sich auch das Freihaustheater, das mit Parkett und zwei Rängen rund 1000 Zuschauern Platz bot. Wie die meisten Mitglieder seiner Schauspielgesellschaft nahm auch Schikaneder Wohnung in diesem Gebäudekomplex, so daß er und seine Mannen ihr Publikum nicht nur am Abend erlebten, sondern auch im täglichen Leben engen Kontakt mit ihren Zuschauern hatten.

1751 in Straubing geboren und in Regensburg aufgewachsen, lernte Schikaneder schon recht frühzeitig, was es heißt, sich durch das Leben zu schlagen. Nach dem frühen Tod des Vaters in ärmsten Verhältnissen aufgewachsen, brach er vorzeitig seine Schulausbildung ab und tingelte als Wandermusiker - als sogenannter Lyrant - durch die süddeutschen Lande. 1773 schloß er sich einer Truppe von Wanderschauspielern an, für die er 1776 sein erstes Stück »Die Lyranten oder das lustige Elend« schrieb, in das er wirkungsvoll seine eigenen Erfahrungen einbringen konnte. Das Stück wurde zu einem Publikumshit, und zahlreiche andere Stücke sollten folgen. Durch und durch ein Theatermann, bewährte sich Schikaneder nicht nur als Musiker und Theaterautor, sondern war ein höchst erfolgreicher Schauspieler, wobei nicht nur Komiker-Rollen wie später auch der Papageno, sondern auch ernste Stücke zu seinem Repertoire gehörten, - als Hamlet feierte er Triumphe.

1778 übernahm er eine eigene Wandertruppe, mit der er zum einen neue - heute klassische - Stücke wie Schillers »Räuber«, Lessings »Emilia Galotti« oder Goethes »Clavigo« zur Aufführung brachte, zum anderen dem Publikum aber auch zahlreiche Possen und Zauberstückchen bot, die größtenteils aus seiner eigenen Feder stammten.

Phil. Richter sculp.

Schikaneder gestaltete seine Stücke voll überschäumender Phantasie und wußte genau, was dem Publikum, auf das er angewiesen war, gefiel. Auch wenn er mit Wonne die Möglichkeiten der Maschinerie des barocken Theaters einsetzte, an Feuer, Blitz und Donner läßt er es ja auch nicht in der »Zauberflöte« fehlen, so verfaßte er seine Stücke keineswegs in der barocken Tradition für Adel und gehobenes Bürgertum, sondern zielte auf sein Publikum, das einfache Volk, das sich auf der Bühne wiederfinden und mit den Protagonisten identifizieren wollte. Schikaneder schuf im wahren Sinne des Wortes Theater für das Volk - Volkstheater - und war damit ein genialer Vorläufer der großen Wiener Volkstheaterautoren Nestroy und Ferdinand Raimund.

Mozart hatte Schikaneder 1780 in Salzburg kennengelernt, wo dieser mit seiner Truppe die Wintersaison 1780/81 über gastierte. Schnell entwickelte sich ein herzlicher Kontakt zwischen Wolfgang und dem »alten Theaterhasen«, der ihm bereitwillig Einblicke in die Werkstatt eines Theatermachers und Stückeschreibers gewährte. 1784 sahen sich die Freunde wieder, als Schikaneder die Wintersaison über das Kärntnertortheater in Wien bespielte. Unter anderem wollte Schikaneder in Wien den »Figaro« von Beaumarchais aufführen, was ihm aber auf kaiserliche Order hin kurz vor der Premiere untersagt wurde. Die Vermutung liegt nahe, daß Schikaneder Mozart auf die Bühnenwirksamkeit, aber auch auf die gesellschaftliche Brisanz dieses skandalumwitterten Stücks hinwies, das dieser dann in Musik setzen sollte.

Das Innere des Freihaustheaters während einer Vorstellung mit Schikaneder auf der Bühne. Die Darstellung zeigt vermutlich eine Aufführung vom »Stein der Weisen«, in dem Schikaneder einen Papageno recht verwandten Naturburschen verkörpert.

1789 ließ sich Schikaneder fest in Wien nieder und eröffnete im Juli das in der Wiener Vorstadt Wieden gelegene Freihaustheater unter seiner Direktion mit dem Erfolgsstück »Die zween Antons«, das aus seiner Feder stammte. Das Theater mit seinen geistig nicht sehr anspruchsvollen, dafür aber umso unterhaltsameren Stükken fand guten Zulauf, und auch ein Wolfgang Amadeus Mozart sah sie sich gern an und komponierte begeistert mehrere Variationen zu Gassenhauern aus dem Repertoire des Freihaustheaters.

Dank der »Zauberflöte« brauchte sich Schikaneder ab 1791 vorläufig keine Sorgen mehr um wohlgefüllte Kassen machen: Die »Zauberflöte« war lange ein absoluter Hit, außerdem verdiente er - sehr zum Ärger der Witwe Mozart - bestens am Verkauf von Kopien der »Zauberflöte« an andere Theater. Um an den Erfolg dieser Oper anzuknüpfen, ließ Schikaneder mehrere Fortsetzungen der »Zauberflöte« schreiben, die aber - ohne Mozartschen Genius - nicht an die Beliebtheit des Originals herankamen.
Trotzdem konnte Schikaneder sich den Bau eines größeren und prächtiger ausgestatteten Theaters leisten - in dem von ihm 1801 eröffneten »Theater an der Wien« wurde unter anderem 1805 Beethovens »Fidelio« uraufgeführt. Bald darauf begann Schikaneders Stern rapide zu sinken, seine Frau verließ ihn unter Mitnahme ihres nicht unbeträchtlichen Vermögens, und er mußte nach diesem Kapitalschwund sein Theater verkaufen. Allmählich machten sich auch die Auswirkungen einer venerischen Krankheit bemerkbar: Schikaneder starb 1812 - völlig verarmt - in geistiger Umnachtung.

1801 eröffnete Schikaneder unter seiner Direktion das neuerrichtete Theater an der Wien, einen üppig dekorierten Theaterbau, der heute noch bespielt wird.

Schikaneder wußte nur zu gut, welcher Bombenrolle er seinen glänzenden Erfolg verdankte, und ließ zur bleibenden Erinnerung an den Papageno aus der »Zauberflöte« einen Seitenzugang seines Theaters mit der Skulptur dieses Vogelmenschen verzieren.

Eine Flöte verzaubert die Welt

Wie fast alle Stücke von Schikaneder ist die »Zauberflöte« ein Ausstattungsstück. Zum einen mußte er auf den Publikumsgeschmack der Wiener Rücksicht nehmen, die durch die Wiener Spektakellandschaft - besonders durch das Leopoldstädter Theater, der Konkurrenz des Freihaustheaters - verwöhnt waren, zum anderen kam eine üppige Ausstattung auch seiner eigenen Freude an sinnlicher Augenlust entgegen. Auch wenn er sich bei der »Zauberflöte« im Gegensatz zu anderen Stükken, wo er ganze Ritterheere inklusive Pferd und Wagen auf die Bühne schickte, zurückhielt, so boten vierzehn Ortswechsel doch reichlich Gelegenheit, das Publikum mit opulenten Bühnenbildern zu verwöhnen.

Generationen von Bühnenbildnern und Regisseuren wissen es Schikaneder zu danken, daß sie sich bei der »Zauberflöte«, was Bühnenbild und Bühnenmaschinerie betrifft, austoben können. Arrivierte Künstler - darunter in den letzten Jahren Achim Freyer, Ernst Fuchs und David Hockney - entwarfen für diese Oper Dekorationen, und selbst ein Marc Chagall ließ sich nicht das Vergnügen (und die Bezahlung) entgehen, eine Zauberflötenaufführung auszustatten.

Für den Auftritt der Königin der Nacht im 1. Akt galt und gilt es, eine effektvolle Lösung zu finden, die ohne großen Umbau eine kurzfristige szenische Veränderung gestattet. Ausgangspunkt für diesen von viel Donner und viel Musik begleiteten Auftritt ist das Bühnenbild zum 1. Akt, 1. Auftritt, für das das Libretto vorschreibt: *Das Theater ist eine felsige Gegend, hie und da mit Bäumen überwachsen; auf beiden Seiten sind gangbare Berge nebst einem runden Tempel.* Zum Ende des fünften Auftritts kündigen Donnergrollen und die drei Damen das Kommen der Königin an. *Die Berge teilen sich, und das Theater verwandelt sich in ein prächtiges Gemach. Die Königin sitzt auf einem Thron, welcher mit transparenten Sternen geziert ist.* Nachdem sie ihre imposante Koloraturarie von sich gegeben hat, verwandelt sich das Theater *wieder so, wie es vorher war.*
Wie diese Bühnenbildveränderung technisch zu lösen ist, soll Geheimnis der Bühnenmeister bleiben, doch forderte sie immer wieder die Phantasie der Bühnenbildner heraus.

Schinkels Bühnenentwurf zum Auftritt der Königin der Nacht im 1. Akt, 6. Szene.

War Mozarts »Zauberflöte« in den ersten Inszenierungen noch in einem nicht näher zu lokalisierenden, exotischen Märchenreich angesiedelt, so spielte sie nach Meinung der Bühnenbildner des 19. Jahrhunderts offensichtlich eindeutig in Ägypten, wie auch der Bühnenbildentwurf zum 1. Akt, 1. Szene von Karl Friedrich Schinkel andeutet, den er 1816 für eine Aufführung der königlichen Hofoper in Berlin geschaffen hatte.

Happy-End auf Umwegen

Die »Zauberflöte« war so populär, daß die Firma Justus Liebig diese Oper für Werbezwecke benutzte und etwa 1890 eine Serie von Sammelbildern zur »Zauberflöte« ihren Suppenpackungen beilegte.

Zu Hilfe, zu Hilfe, sonst bin ich verloren, singt Tamino, auf die Bühne stürzend, verfolgt von einer Schlange, die es auf ihn abgesehen hat. Während er in Ohnmacht fällt, kommen drei verschleierte Damen aus dem Tempel und erledigen das Ungetüm. Der Anblick des erschöpften Jünglings erweckt bei allen drei Damen anregende Gefühle, und keine gönnt der anderen das Vergnügen, mit dem schönen jungen Mann allein zu bleiben, so daß sie zu dritt wieder von der Bühne abtreten, um ihre Herrin, die Königin der Nacht, von dem Vorfall zu unterrichten.

Unterdessen erwacht Tamino und wundert sich sehr, wieso er noch lebt und das Ungeheuer nicht mehr. Außerdem würde er nur zu gern wissen, wo er eigentlich gelandet ist. Glücklicherweise tritt gerade Papageno auf, sein Kommen schon durch munteres Panflötenspiel und ein Liedchen ankündigend. Dieser kann Tamino berichten, daß er sich auf dem Territorium der sternflammenden Königin befindet, für die der Naturbursche voller Federn Vögel fängt und im Gegenzug dafür Speis und Trank erhält. Der Vogelmensch schämt sich nicht, obwohl er ein Hasenherz ist, zu behaupten, daß er die Schlange erwürgt habe, wofür ihm die drei Damen, die gerade hinzutreten, zur Strafe für seine Lügen den Mund mit einem Vorhängeschloß versperren. Dem Prinzen aber überreichen sie ein Medaillon mit dem Bildnis Paminas, der Tochter der sternflammenden Königin.

Im Reiche Sarastros

Paminas Bildnis sehen und sich in sie verlieben, ist für Tamino eins und er brennt darauf, das Original kennenzulernen, was aber nicht so einfach ist, da Sarastro sie in sein Reich entführt hat. Die Königin der Nacht bestätigt ihm höchstpersönlich diesen traurigen Sachverhalt und klagt ihm bei dieser Gelegenheit ihr mütterliches Leid: *Ich bin zu Gram und Leid erkoren, denn meine Tochter fehlet mir.* Sollte er die Tochter wohlbehalten aus Sarastros Gewalt retten, darf er sie zur Belohnung behalten und heiraten.

Die Königin entschwindet wieder, und die drei Damen überreichen Tamino und Papageno, den sie sehr zu seinem Leidwesen zum Reisebegleiter des Prinzen bestimmt haben, noch wichtiges Handwerkszeug für die abenteuerliche Fahrt - ein Glockenspiel für Papageno und eine Zauberflöte für Tamino, die *der Menschen Leidenschaft verwandeln. Der Traurige wird freudig sein, den Hagestolz nimmt Liebe ein.* Alle, die drei Damen, Papageno und Tamino stellen daraufhin gemeinsam fest: *O so eine Flöte ist mehr als Gold und Kronen wert, denn durch sie wird Menschenglück und Zufriedenheit vermehrt.*

»Ich bin zu Gram und Leid erkoren,
Denn meine Tochter fehlet mir;
Durch sie ging all mein Glück verloren,
Ein Bösewicht entfloh mit ihr.«

Ortswechsel: In einem prächtigen Gemach des Palastes von Sarastro freuen sich drei Sklaven, daß Pamina dem Mohren Monostatos, der sich bei den Sklaven und bei Pamina keiner allzu großen Beliebtheit erfreut, entkommen ist. Aber zu ihrem Bedauern hat Monostatos die schöne Prinzessin wieder eingefangen und läßt sie gefesselt hereinführen. *O lass' mich lieber sterben, weil nichts, Barbar, dich rühren kann,* klagt Pamina und sinkt ohnmächtig auf ein Sofa. Monostatos schickt die Sklaven aus dem Zimmer, kann aber keine weiteren Aktionen starten, da just in diesem Moment Papageno auftaucht und ihn durch seine eigenartige Körperbefederung in die Flucht schlägt.
Der aus ihrer Ohnmacht erwachten Pamina teilt Papageno mit, daß ein Prinz ihr in Liebe zugetan sei und sie retten wolle, dazu auch schon auf dem Weg sei und ihn als Vorboten ausgeschickt habe. Nachdem Pamina und Papageno noch eine gemeinsame Lobhymne auf die Liebe gesungen haben, flüchten sie.

In der Zwischenzeit ist Tamino auf einem Platz mit drei Tempeln angekommen, zu dem ihn drei hübsche Knaben, jung und schön, die ihm schon von den drei Damen als Reiseführer angekündigt worden waren, geleitet haben. Hier trennen sich ihre Wege jedoch schon wieder, nicht ohne daß die Knaben den Prinzen nicht noch ermahnt hätten, standhaft, duldsam und verschwiegen zu sein, Tugenden, die in Sarastros Reich sehr geschätzt werden.
Tamino versucht nun der Reihe nach, in einen der drei Tempel einzudringen, wird aber jedesmal von einer magischen Stimme zurückgewiesen. Schließlich taucht ein alter Priester, der Sprecher der »Eingeweihten«, auf und fragt ihn, was er denn wolle. Tamino erklärt es ihm und will dem Priester nicht glauben, daß Sarastro gar nicht so ein Unhold und Tyrann sei, wie er meint, sondern daß er auf Weibergeschwätz hereingefallen sei. Die Nachricht, daß Pamina noch lebe, versöhnt ihn wieder etwas und zur Nervenberuhigung zieht er seine Zauberflöte, was alle wilden Tiere zum Anlaß nehmen, begeistert und friedlich der Musik zu lauschen. Auch Papageno und Pamina hören die Flöte, werden aber, bevor sie Tamino erreichen, von Monostatos eingeholt. Papageno zückt sein Glockenspiel, und siehe, es zähmt nicht nur wilde Tiere, sondern auch Sklavenaufseher.
Die Sklaven fangen an mitzusingen und gehen tanzend von der Bühne ab. Das hilft Papageno und Pamina jedoch wenig, denn nun kehrt Sarastro gerade von der Jagd zurück. Pamina gesteht ihm ihren Fluchtversuch, weil der Mohr sie zur Liebe zwingen wollte, und Sarastro hat dafür auch volles Verständnis. Als Pamina und Tamino, der inzwischen herbeigebracht wird, sich sehen, fallen sie sich voller Seligkeit in die Arme, werden aber schnell wieder getrennt, denn erst muß Tamino mehrere Prüfungen absolvieren, um sich in Sarastros Augen als Paminas Bräutigam würdig zu erweisen.

In einem Palmenhain gefüllt mit freimaurischen Gegenständen findet eine Sitzung der Eingeweihten statt. Ihr Oberhaupt Sarastro befürwortet die Aufnahme Taminos, und so stimmen die Eingeweihten nach einigem Zögern zu, Tamino den schwierigen Prüfungen, die auch tödlich enden können, zu unterziehen. Bei dieser Gelegenheit soll auch Papageno den Kursus mitmachen, muß aber erst mit der Aussicht auf eine Papagena dazu überredet werden.

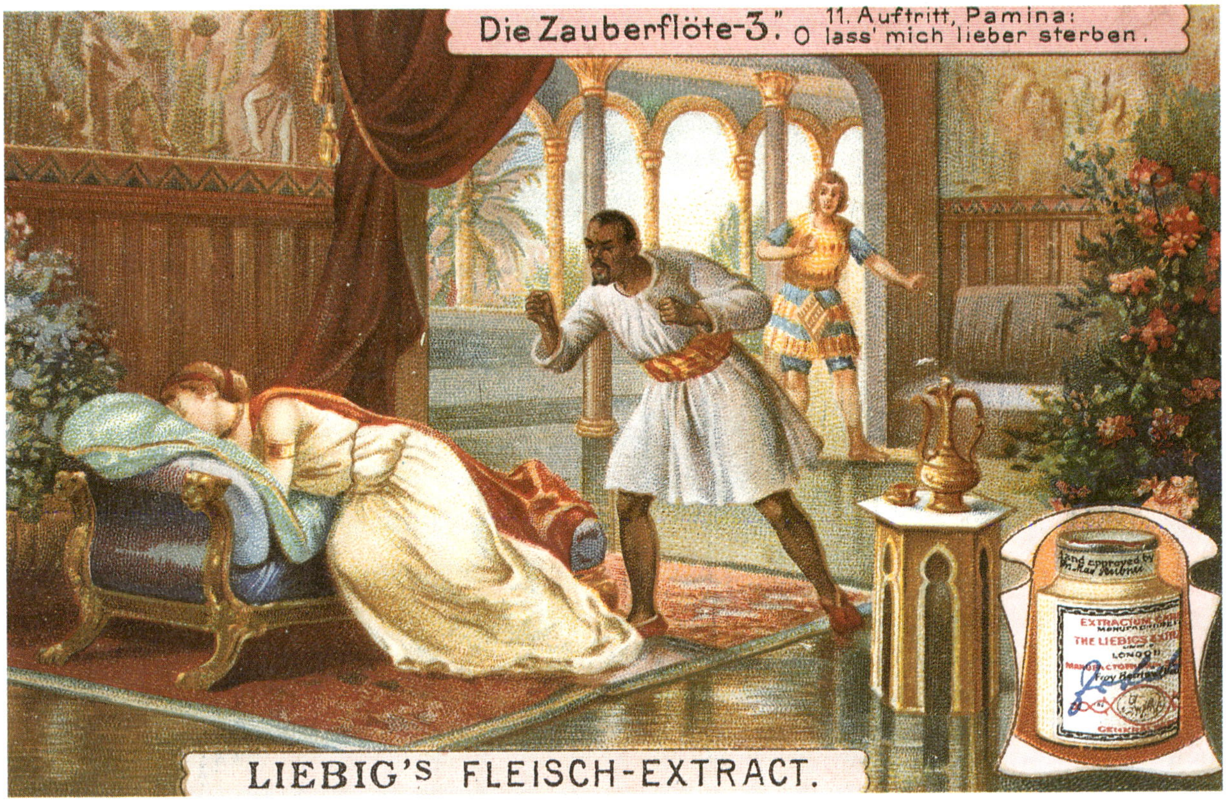

»O lass' mich lieber sterben,
Weil nichts, Barbar, dich rühren kann.«

Erste Prüfungsaufgabe der beiden ist, sich durch Verschwiegenheit vor Weibertükken zu hüten. Und sieh da, kaum treten die Prüfungsmeister ab, tauchen auch schon die drei Damen aus der Versenkung auf und versuchen wortreich, Tamino davon zu überzeugen, daß er gerade dabei sei, eine große Dummheit zu begehen. Taminos standhafte Verschwiegenheit überzeugt sie jedoch, daß hier nicht mehr viel auszurichten sei, zumal die Priester sie entdecken und mit Blitz und Donner zur Hölle schicken.

Während Tamino und Papageno im Dunkeln sitzen und schweigen, nähert sich Monostatos der schlafenden Pamina mit unlauteren Absichten. Wieder kommt ihm jemand dazwischen - diesmal die Königin der Nacht, die von ihrer Tochter verlangt, da Tamino zum Feind übergegangen sei, Sarastro selbst zu töten. In diesem Zusammenhang erklärt sie ihrer Tochter auch endlich, warum sie so eine Wut auf Sarastro hat. Ihr verstorbener Gatte, Paminas Vater, hatte nämlich auf dem Sterbebette nicht ihr, sondern Sarastro den siebenfachen Sonnenkreis, das Zeichen der Macht, übergeben und seiner Frau befohlen, sich der Führung weiser Männer zu überlassen. Sie übergibt Pamina für den Mord einen Dolch und verschwindet wieder. Monostatos, der das Gespräch belauscht hat, versucht Pamina nun zu erpressen und zur Liebe zu zwingen, worauf diese aber nicht eingehen will. Sarastro tritt dazwischen, verbannt den bösen Mohr und tröstet Pamina, indem er ihr erklärt: *In diesen heil'gen Hallen kennt man die Rache nicht.*

»In diesen heil'gen Hallen
Kennt man die Rache nicht.
Und ist ein Mensch gefallen,
Führt Liebe hin zur Pflicht.«

Derweil müssen Tamino und Papageno ihre zweite Prüfungsaufgabe ableisten, die wieder in Schweigen besteht. Papageno, das alte Plappermaul, hält sich nicht daran, und ist, da Tamino sich auf kein Gespräch einläßt, dankbar für einen Plausch mit einer häßlichen Alten, die ihm einen Becher Wasser bringt. Ist er schon erstaunt, daß diese Alte erst achtzehn Jahre alt sei, so ist er umso verblüffter, daß er ihr Geliebter sein soll. Bevor sie ihm aber Näheres erläutern kann, ruft sie lauter Donner hinweg.

Die drei Knaben treten zum zweitenmal auf und bringen den beiden Prüflingen ein üppiges Mahl, über das sich Papageno auch sogleich hermacht. Pamina kommt hinzu und kann es nicht fassen, daß Tamino nicht mehr mit ihr sprechen will. Auch Papageno, der sowieso gerade den Mund voll hat, gibt ihr keine Auskunft über das seltsame Verhalten ihres Geliebten. Verzweifelt glaubt Pamina, ihr Prinz liebe sie nicht mehr und geht.

Nachdem Tamino auf Kosten von Paminas Seelenleben auch die zweite Prüfungsaufgabe bestanden hat, darf er Pamina kurz sehen, um sich von ihr zu verabschieden, bevor er seine nächste Prüfung beginnt. Pamina fürchtet um sein Leben, kann aber den prüfungswilligen Tamino nicht zurückhalten und glaubt auch nicht den beruhigenden Versicherungen Sarastros, daß Tamino bald zu ihr zurückkehre.

Unterdessen hat Papageno den Anschluß verpaßt und irrt allein durch die unterirdischen Gewölbe. Als ein Priester ihm mitteilt, daß er die Prüfungen seiner Schwatzhaftigkeit wegen nicht bestanden habe, ist er auch nicht traurig, sondern möchte nur ein beschauliches Leben an der Seite eines lieben Weibchens führen. Als die häßliche Alte wieder auftritt und ihm erklärt, daß er verloren sei, wenn er sie nicht heirate, willigt er ein und schwört ihr Treue. In diesem Moment verwandelt sich die Alte in ein junges Mädchen, das ihm bis auf einige geschlechtsspezifische Unterschiede bis auf die Feder gleicht. Doch bevor er sie beglückt umarmen kann, wird sie von den Priestern fortgerissen.

Pamina hat in der Zwischenzeit beschlossen, ihrer unglücklichen Liebe durch Selbstmord ein Ende zu setzen. Gerade noch im letzten Moment können die drei Knaben sie durch ihren dritten Auftritt davon abhalten. Sie führen Pamina zu Tamino, der schon vor den Schreckenspforten wartet, um den letzten Teil der Prüfung zu bestehen. Diesmal darf Pamina ihn begleiten und - beschützt vom Klang der Zauberflöte - gehen sie durch das Feuer, um dann zur nächsten Schreckenspforte zu schreiten. *Wir wandelten durch Feuergluten, bekämpften mutig die Gefahr. Dein Ton sei Schutz in Wasserfluten, so wie er es im Feuer war.* Nachdem sie auch unbeschadet die Wasserpforte wieder verlassen haben, werden beide von Sarastro vor versammeltem Chor in den Kreis der Eingeweihten aufgenommen.

»Wir wandelten durch Feuergluten,
bekämpften mutig die Gefahr.
Dein Ton sei Schutz in Wasserfluten,
so wie er es im Feuer war.«

Papageno hat sich unterdessen auf die erfolglose Suche nach seiner Papagena gemacht und will sich nun voll Kummer erhängen. Doch wieder kommen die drei Knaben dazwischen und führen ihm, vom Zauberglockenspiel begleitet, seine Papagena zu. Beglückt stammelt Papageno *Pa -pa -pa -pa -pa - pa - Papagena,* und selig malen sich die beiden Vogelmenschen aus, wie schön es wird, wenn erst einmal ein Haufen von kleinen Papagenos und Papagenas die Welt bevölkert.

»Pa-pa-pa-pa-pa-pa-Papagena!
Pa-pa-pa-pa-pa-pa-Papageno!

Welche Freude wird das sein,
Wenn die Götter uns bedenken,
Unsrer Liebe Kinder schenken,
So liebe kleine Kinderlein!
Erst einen kleinen Papageno!
Dann eine kleine Papagena!
Dann wieder einen Papageno!
Dann wieder eine Papagena!«

Während sich die beiden Liebespaare endlich nach den vielen Prüfungen, Mißverständnissen, Seelenqualen und Selbstmordversuchen zum Happy-End in die Arme nehmen, taucht die Königin der Nacht, obwohl schon alles geregelt ist, nochmal zusammen mit ihren drei Damen und Monostatos, der die Partei gewechselt hat, auf, um die Eingeweihten von der Erde zu tilgen. Sarastros Aura ist aber stärker, und in Gegenwart von Tamino und Pamina, beide im priesterlichen Gewand, werden die sternflammende Königin und ihr Gefolge in die ewige Nacht gestürzt.

Mozarts Ende - Anfang einer Legende

Gleich nach Deiner Abseeglung spielte ich mit Herrn Mozart, der die Oper bei Schikaneder geschrieben hat, 2 Partien Billard ... dann ließ ich mir durch Joseph ... schwarzen Kaffee holen, wobei ich eine herrliche Pfeife Toback schmauchte; dann instrumentierte ich fast das ganze Rondo vom Stadler, schreibt Mozart seiner Constanze, die im Oktober 1791 erneut zu einer Kur nach Baden gereist war, und informiert sie auch in seinen folgenden Briefen über seinen Tagesablauf.

Fast keine der Zauberflöten-Vorstellungen läßt er sich entgehen, wobei er auch gern seine Späßchen mit Schikaneder treibt, ist eifrig dabei, das Klarinettenkonzert (KV 622) für seinen Logenbruder Anton Stadler zu komponieren, besucht Freunde und Verwandte, geht in die Kneipe, holt übers Wochenende seinen siebenjährigen Sohn Carl, der während Constanzes Kur bei Pflegeeltern auf dem Lande untergebracht ist, in die Stadt, um ihn in die Zauberflöte mitzunehmen, und macht, abgesehen davon, daß er sein Herzensweibchen sehr vermißt, den Eindruck eines recht munteren und lebenslustigen - keineswegs von Todesahnungen geplagten - Mannes, der sich bei aller Arbeit gut zu unterhalten wußte. Der letzte Brief aus seiner Hand ist vom 14. Oktober 1791 datiert, zwei Monate später war Mozart bereits unter der Erde.

Posthum entstand dieses Portrait Mozarts, das Barbara Krafft 1819 im Auftrag der Gesellschaft für Musikfreunde anfertigte. Die Künstlerin hatte Mozart noch persönlich kennengelernt, außerdem lieh man sich von Nannerl das Familienportrait aus Salzburg aus, um sicher zu gehen, daß keine Phantomzeichnung bei diesem Gemäldeauftrag herauskomme.

5. Dezember 1791 - 0.55 Uhr

Am 18. November 1791 dirigierte Mozart anläßlich der Einweihung eines neuen Tempels seiner Loge die »Kleine Freimaurerkantate«, die er drei Tage vorher beendet hatte. Am 20. November erkrankte er schwer: Es begann mit *Geschwulst an Händen und Füssen und einer beinahe gänzlichen Unbeweglichkeit,* gefolgt von Fieber und häufigem Erbrechen. Der konsultierte Hausarzt Dr. Closset diagnostizierte *hitziges Frieselfieber,* eine Art Grippe. Mozart ahnte, daß es seine letzte Krankheit würde, und war verzweifelt. Wiener und Prager Theater hatten weitere Opern bei ihm bestellt, aus Ungarn und Amsterdam waren Kompositionsaufträge eingegangen, die ihm jährlich mindestens 1000 Gulden eingebracht hätten, darüber hinaus hatte ihm der Magistrat die Anwartschaft auf die Kapellmeisterstelle bei St. Stephan zugesichert. *»Eben jetzt«, so klagte er oft während seiner Krankheit, »soll ich fort, da ich ruhig leben würde! Jetzt meine Kunst verlassen, da ich nicht mehr der Sklave der Mode, nicht mehr von Spekulanten gefesselt, den Regungen meiner Empfindungen folgen, frei und unabhängig schreiben könnte, was mein Herz mir eingibt!*

Während seiner Krankheit besuchte ihn seine Schwägerin Sophie, Constanzes Schwester, fast täglich, und der ergreifendste Bericht von Mozarts Todesnacht stammt - wenn auch über 30 Jahre nach dieser Nacht aufgezeichnet - aus ihrer Hand. Als sie am Nachmittag des 4. Dezember in der Rauhensteingasse eintraf, öffnete ihre Schwester die Tür mit den Worten: *Gott lob, liebe Sophie, daß du da bist. Heute Nacht ist er so schlecht gewesen, daß ich schon dachte, er erlebt diesen Tag nicht mehr.* Sophie ging zu dem Kranken, der ihr gleich zurief: *Ach gut, liebe Sophie, daß Sie da sind, Sie müssen mich sterben sehen.* Sie versuchte ihm die Todesgedanken auszureden, aber Mozart unterbrach sie und erwiderte: *Ich habe ja schon den Todesgeschmack auf der Zunge.*
Am Abend kam Süßmayr, und Mozart - das Requiem, an dem er bis zuletzt gearbeitet hatte, auf der Bettdecke liegen habend - erklärte seinem Schüler, *wie seine Meinung sei, daß er es nach seinem Tode vollenden sollte.* Es wurde nach Dr. Closset geschickt, der als Theaterarzt aber erst nach der Vorstellung gegen 23 Uhr kommen konnte. Der Doktor *verordnete ihm noch kalte Umschläge über seinen glühenden Kopf, welche ihn auch so erschütterten, daß er nicht mehr zu sich kam, bis er nicht verschieden. Sein letztes war noch, wie er mit dem Munde die Pauken in seinem Requiem ausdrücken wollte. Plötzlich bekam er ein Erbrechen - es fuhr aus ihm heraus in einem Bogen - das war braun und er war tot.*

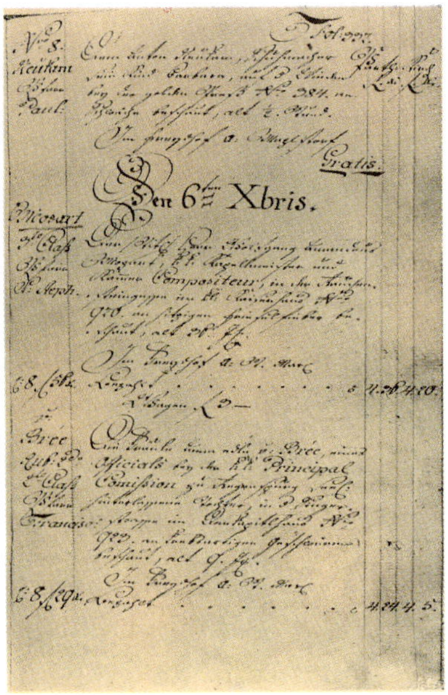

Auszug aus dem Begräbnisbuch von St. Stephan vom 6. Dezember 1791.

Während Mozart mit dem Tode kämpfte, blieben die Leute vor den Fenstern seiner Wohnung stehen und winkten mit Taschentüchern, um ihre Anteilnahme zu bekunden. Sein Tod sprach sich schnell in der ganzen Stadt herum, und viele Freunde und Verehrer seiner Musik kamen am Todestag, um dem Toten Lebewohl zu sagen. Da Mozarts Leiche einen scheußlichen Geruch verbreitete, fand die Beerdigung, über die es keine Augenzeugenberichte gibt, vermutlich schon am nächsten Tag statt. Einziges Zeugnis ist eine Eintragung in das Totenbuch von St. Stephan vom 6. Dezember 1791, das angibt, daß Mozart auf dem Friedhof der Wiener Vorstadt St. Marx beigesetzt wurde.

In Anbetracht ihrer unsicheren finanziellen Lage ist es Mozarts Witwe sicher zu verzeihen, daß sie auf ein Prunkbegräbnis verzichtete, sondern für den Verstorbenen ein Begräbnis III. Klasse für 8 Gulden und 56 Kreuzer wählte. Weitere 3 Gulden kostete der Leichenwagen, der den Sarg zum ungefähr eine Gehstunde von Wien entfernten Friedhof brachte. Mozart wurde dort, gemäß der josephinischen Begräbnisordnung, in einer allgemeinen Begräbnisstelle beigesetzt. Um Platz und Kosten zu sparen, hatte Joseph II. in dieser Verordnung, die sich gegen den unmäßigen Aufwand bei Bestattungen richtete, verfügt, für die einfachen Begräbnisklassen ca. 2 1/2 m tiefe Reihengräber anzulegen, in denen die Toten in mehreren Schichten begraben wurden. Auch Mozart dürfte in solch einem Grab beerdigt worden sein.

Unverständlich ist aber, daß niemand von den Zeitgenossen - weder Familienangehörige noch Freunde oder Kollegen - sich die Mühe machten, festzuhalten, wo Mozarts Grab liegt. Erst Jahre später soll Constanze zum Friedhof gefahren sein, um sein Grab - ohne Erfolg - zu suchen. Bis heute ist ungeklärt, wo die sterbliche Hülle Mozarts ihre letzte Ruhestätte fand.

Nicht einmal ein Hund folgte vermutlich dem Leichenwagen, der Mozarts Sarg zum Friedhof von St. Marx brachte.

Mozart wurde in einem Schachtgrab beerdigt. »Zu der Zeit, wo Mozart starb, wurden nach der Angabe des Totengräbers die Leichen in der dritten und vierten Reihe vom Kreuze an, welches auf dem St. Marxer Kirchhof steht, begraben. Der Flecken, auf welchem Mozart's Gebeine ruhen, konnte 1808, wo man sich unterrichten wollte, nicht mehr bestimmt werden, weil die Gräber periodisch umgegraben werden.«

Schauergeschichten um das Requiem

Das geheimnisumwobene Requiem

Bis zu seinem Tode arbeitete Mozart an einem Requiem, das dank der Erzählungen Constanzes Ausgangspunkt vieler Schauergeschichten wurde.
Zunächst die nüchterne Version: Kurz vor seiner Abreise zum »Titus« nach Prag hatte Mozart einen gut bezahlten Auftrag für ein Requiem erhalten. Der Auftraggeber wollte nicht genannt werden, trotzdem willigte Mozart ein. Es war in der Wiener Musikerszene ein offenes Geheimnis, daß der etwas verschrobene Graf Walsegg es liebte, sich bei bekannten Musikern Kompositionen zu bestellen und diese dann selbst abzuschreiben, um sie bei seinen Hausmusikabenden als eigene Werke auszugeben. Da der Graf aber sehr gut zahlte, hütete man sich, den Schwindel auffliegen zu lassen, um nicht einen guten Kunden zu verlieren. Auch Mozart dürfte der gräfliche Spleen nicht unbekannt gewesen sein, ebenso wenig, daß im Februar 1791 Graf Walseggs blutjunge Frau gestorben war, und der Gedanke lag nahe, daß Walsegg den ersten Todestag mit einer »selbstkomponierten« Seelenmesse begehen würde. Mozart konnte sich also ausrechnen, für wen das Requiem bestimmt war.

Nun Constanzes Version: *Nach Mozarts Zurückkunft von Prag nach Wien nahm er sogleich seine Seelenmesse vor, und arbeitete mit außerordentlicher Anstrengung und einem lebhaften Interesse daran; aber seine Unpäßlichkeit nahm in demselben Verhältnis zu und stimmte ihn zur Schwermut. Mit inniger Betrübnis sah seine Gattin seine Gesundheit immer mehr hinschwinden. Als sie eines Tages an einem schönen Herbsttage mit ihm in den Prater fuhr, um ihm Zerstreuung zu verschaffen, und sie beide einsam saßen, fing Mozart an, vom Tode zu sprechen, und behauptete, daß er das Requiem für sich setze. Dabei standen ihm Tränen in den Augen, und als sie ihm den schwarzen Gedanken auszureden suchte, sagte er: »Nein, nein, ich fühle mich zu sehr, mit mir dauert es nicht mehr lange: gewiß, man hat mir Gift gegeben! Ich kann mich von diesem Gedanken nicht loswinden.« ...*
Am Tage seines Todes ließ er sich die Partitur des Requiem an sein Bett bringen. »Hab' ich es nicht vorhergesagt, daß ich dies Requiem für mich schreibe.« ... Gleich nach seinem Tode meldete sich der geheimnisvolle Bote, verlangte das Werk, so wie es unvollendet war, und erhielt es.

Spätestens hier muß man Constanze bei aller Sympathie einer Lüge zeihen. Der anonyme Auftraggeber mußte noch lange auf sein Requiem warten, denn es wurde zwar das Gerücht ausgesprengt, daß Mozart die Totenmesse beendet habe, aber in Wirklichkeit wurde das unvollendete Requiem - nach Mozarts letzten Anweisungen - von Süßmayr fertig instrumentiert, was wohl eine geraume Zeit in Anspruch nahm, denn Walsegg führte sein Requiem nicht einmal zum 2. Todestag seiner Frau, sondern erst im Dezember 1793 auf.
Vor der Aushändigung der Partitur waren auf Constanzes Veranlassung noch mehrere Kopien angefertigt worden, so daß Walsegg zwar Mozarts Originalmanuskript mit den Süßmayrschen Ergänzungen erhielt, aber nicht der einzige Besitzer blieb, denn Constanze, die dringend Geld brauchte, verkaufte die Kopien anderweitig. Jedoch weniger die Geschäfte der Constanze Mozart mit dem Requiem sollten die Phantasie der Nachwelt beschäftigen als der Hinweis auf Gift.

Bereits Ende 1791 meldete das in Berlin erscheinende »Musikalische Wochenblatt«: *Weil sein Körper schwoll, glaubt man gar, daß er vergiftet wurde.* Einer möglichen Vergiftung wurde zunächst aber nicht weiter nachgegangen, bis 1823 eine Bombe platzte: Salieri, zu Mozarts Lebzeiten erfolgreicher als dieser, dafür aber schon zu seinen eigenen Lebzeiten vergessen, beschuldigte sich in geistiger Umnachtung selbst des Mordes an Mozart.
Seitdem ist die Möglichkeit einer Ermordung Mozarts ein beliebtes Spekulationsthema. Der geheimnisvolle Bote als Vorbote seines Todes erhielt ein ganz anderes Gewicht, aber wer hatte ihn geschickt? Weitere Mordkandidaten wurden ins Spiel gebracht, neben Salieri Mozarts Schüler Süßmayr, der mit Constanze ein Verhältnis gehabt haben soll, die Freimaurer, weil er ihre Geheimnisse in der »Zauberflöte« verraten habe, der Hofrat Hofdemel, ein Logenbruder Mozarts, weil er dessen Frau Magdalena geschwängert habe - und, und, und ...
Daneben gibt es noch die Hypothese von fahrlässiger Tötung, die etwas glaubhafter klingt: Mozart sei an einer Überdosis von Quecksilber gestorben, die zu Nierenversagen geführt habe. Quecksilber wurde damals zur Behandlung von Syphilis eingesetzt. Es gibt der Theorien etliche mehr, bewiesen ist keine.

Tatverdächtiger Nr. 1: Antonio Salieri, zur Zeit von Mozarts Tod Hofkapellmeister. Fürchtete er die Konkurrenz Mozarts oder neidete er ihm sein Genie? Tatverdächtiger Nr. 2 war Franz Xaver Süßmayr, zur Zeit von Mozarts Tod Mozarts Schüler. War er ein Agent Salieris oder wollte er Constanze für sich allein haben? Noch verdächtiger ist, daß es kein Portrait von ihm gibt. Hat Constanze es verschwinden lassen, um zu vertuschen, daß ihr Sohn Franz Xaver eine Kleinausgabe von Franz Xaver Süßmayr war?

Am 4. Dezember gegen 14 Uhr soll bei Mozart noch eine Probe des Requiem stattgefunden haben. Mozart sang dabei die Altpartie, während Benedikt Schack, von Hause aus Tenor, die Sopranstimme übernahm. Ferner wirkten Mozarts Schwager Hofer, Tenor, und Franz Xaver Gerl, der Sarastro der Zauberflöte, bei dieser seltsamen Veranstaltung mit.

»Am Tage seines Todes ließ er sich die Partitur des Requiem ans Bett bringen. „Hab' ich es nicht vorhergesagt, daß ich dies Requiem für mich schreibe?" so sprach er, und sah noch einmal das Ganze mit nassen Augen aufmerksam durch. Es war der letzte schmerzvolle Abschied von seiner geliebten Kunst - eine Ahnung von Unsterblichkeit. Man hätte Mozart sterbend malen sollen, die Partitur des Requiem in der Hand.«

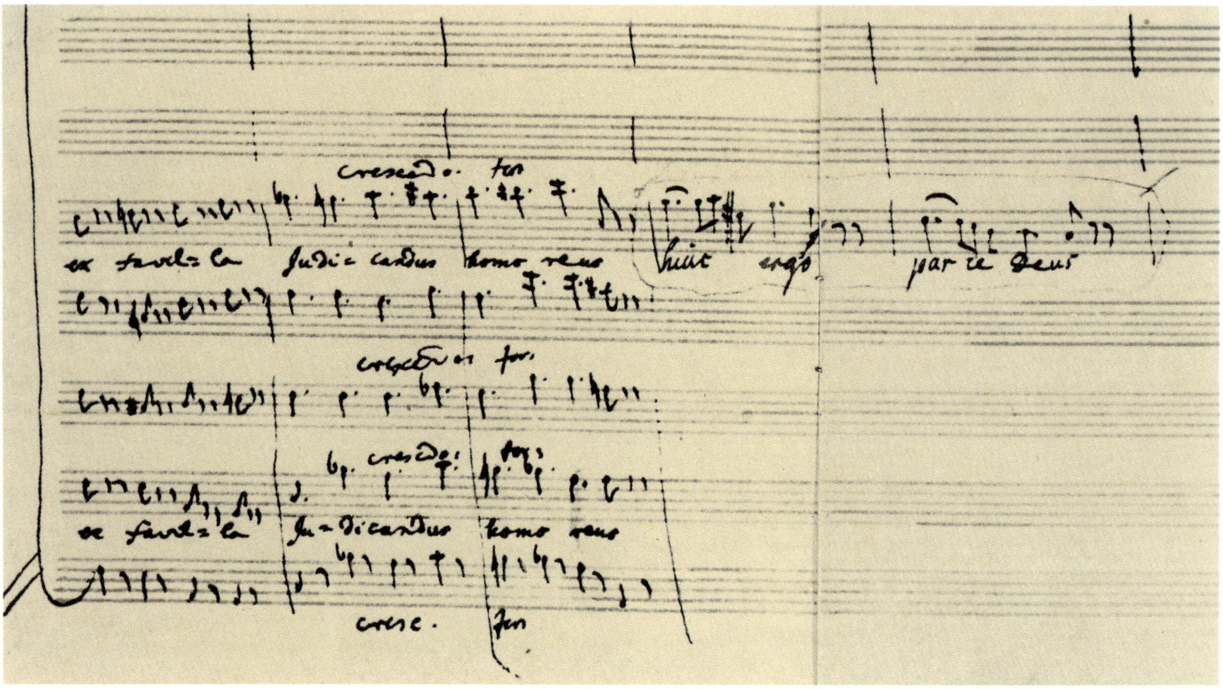

Die letzten von Mozart mit eigener Hand geschriebenen Takte.

Woran ist Mozart nun wirklich gestorben? Man weiß es nicht. Medizinhistoriker und Mozartforscher sind übereingekommen, Mozart eines natürlichen Todes sterben zu lassen, Uneinigkeit besteht jedoch weiterhin, was zu seinem Tode führte. Nicht nur aus Constanzes Berichten, sondern auch aus anderen Quellen ist belegt, daß Mozart schon den Sommer über kränkelte. Die zeitgenössische Diagnose »Frieselfieber« deutet auf eine starke Grippe, die bei der ohnehin angegriffenen Gesundheit Mozarts tödlich ausging.

Eine heutige These führt Mozarts Tod auf rheumatisches Fieber zurück, schon als Kind war er öfters daran erkrankt. Eine andere Vermutung verweist auf Nierenversagen, er habe bereits früher an Nierenkoliken gelitten und die inneren Organe seien in Mitleidenschaft gezogen worden. Vielleicht starb er aber auch an falscher Behandlung, wie seine Schwägerin Sophie annahm, denn die mangels besseren Wissens von den Ärzten des 18. Jahrhunderts verordneten Aderlässe, Brechmittel und kalten Umschläge hatten auch wesentlich Gesündere als den überarbeiteten und geschwächten Mozart ins Reich der Toten befördert. Mozarts Tod wird ein ungelöstes Rätsel bleiben.

Mozart im Weichzeichner

In der Nacht vom 4. zum 5. d. M. verstarb allhier der k. k. Hofkammerkompositor Wolfgang Mozart. Von seiner Kindheit an durch das seltenste musikalische Talent schon in ganz Europa bekannt, hatte er durch die glücklichste Entwicklung seiner ausgezeichneten Naturgaben und durch die beharrlichste Verwendung die Stufe der größten Meister erstiegen; davon zeugen seine allgemein beliebten und bewunderten Werke, und diese geben das Maß des unersetzlichen Verlustes, den die edle Tonkunst durch seinen Tod erleidet, meldete am 7. Dezember 1791 die »Wiener Zeitung«. Auch in anderen Zeitungen im In- und Ausland wurde die Nachricht von Mozarts Tod verbreitet und zumeist mit einem Hinweis auf sein musikalisches Talent verbunden. Unbekannt war Mozart zum Zeitpunkt seines Todes keineswegs: Man wußte, daß man ein Genie verloren hatte!

Frontispiz eines um 1795 erschienenen Klavierauszugs von »La Clemenza di Tito«.

Titelblatt der Mozart-Biographie von Franz Xaver Niemetschek.

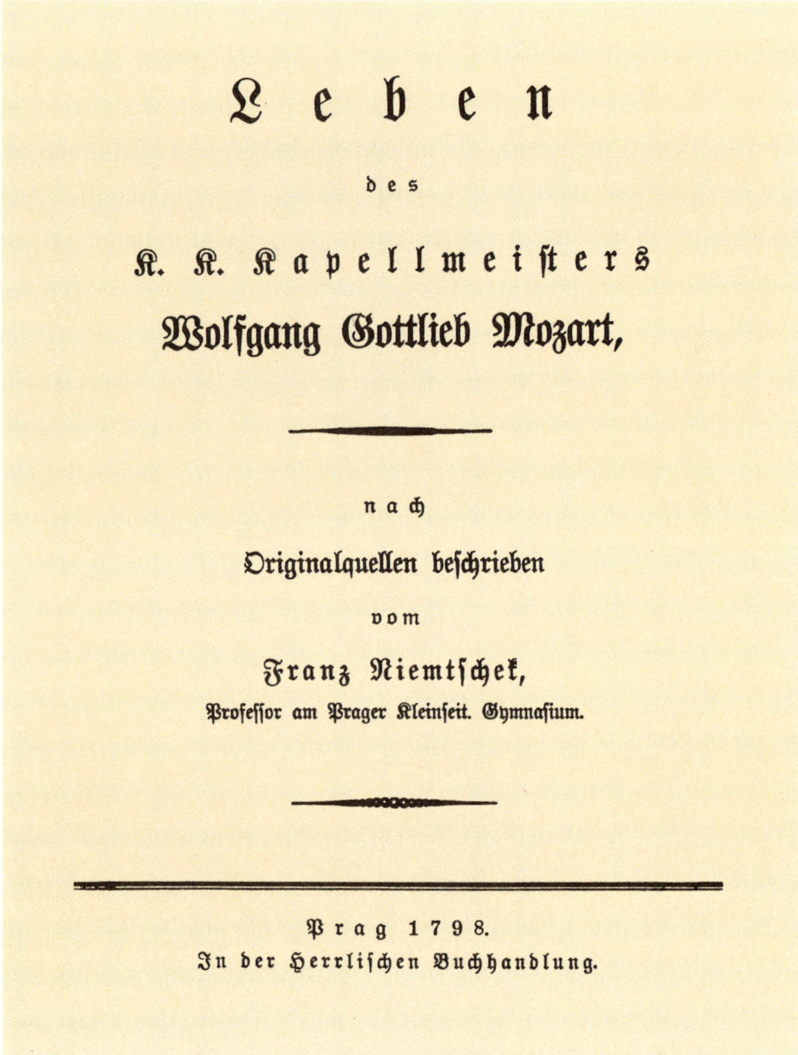
Leben

des

K. K. Kapellmeisters

Wolfgang Gottlieb Mozart,

nach

Originalquellen beschrieben

vom

Franz Niemtschek,

Professor am Prager Kleinseit. Gymnasium.

Prag 1798.

In der Herrlischen Buchhandlung.

Das Mozart-Bild wandelte sich im 19. Jahrhundert auch rein optisch. Wurde Mozart um 1810 entsprechend der damaligen Kunstrichtung, dem Klassizismus, in strenger Manier mit klassizistischer Haartracht dargestellt...

Der 1793 von Friedrich Schlichtegroll veröffentlichte »Nekrolog auf das Jahr 1791« enthielt eine kurze Beschreibung von Mozarts Leben, die weitgehend auf von Nannerl 1792 aufgezeichneten Erinnerungen basierte. 1798 erschien die nächste knappe Mozart-Biographie, geschrieben von Franz Xaver Niemetschek, der sich vorwiegend auf Berichte Constanzes stützte. 1828 publizierte Constanze eine ausführliche Biographie ihres verstorbenen ersten Mannes, die anhand ihrer Berichte und gesammelter Briefe von ihrem zweiten, mittlerweile auch verstorbenen Ehegatten Nissen verfaßt worden war und auch heute noch eine unverzichtbare Quelle für die Mozart-Forschung darstellt.

So verdienstvoll diese Biographie ist, so hat sie auch ihre Tücken. Nissen hatte viele Zeitgenossen Mozarts befragt, nur - diese Befragung fand über 30 Jahre nach Mozarts Tod statt. Vieles dürfte durch das Sieb der Erinnerungen gefallen sein, vieles durch den großen zeitlichen Abstand in einem anderen Licht gesehen und

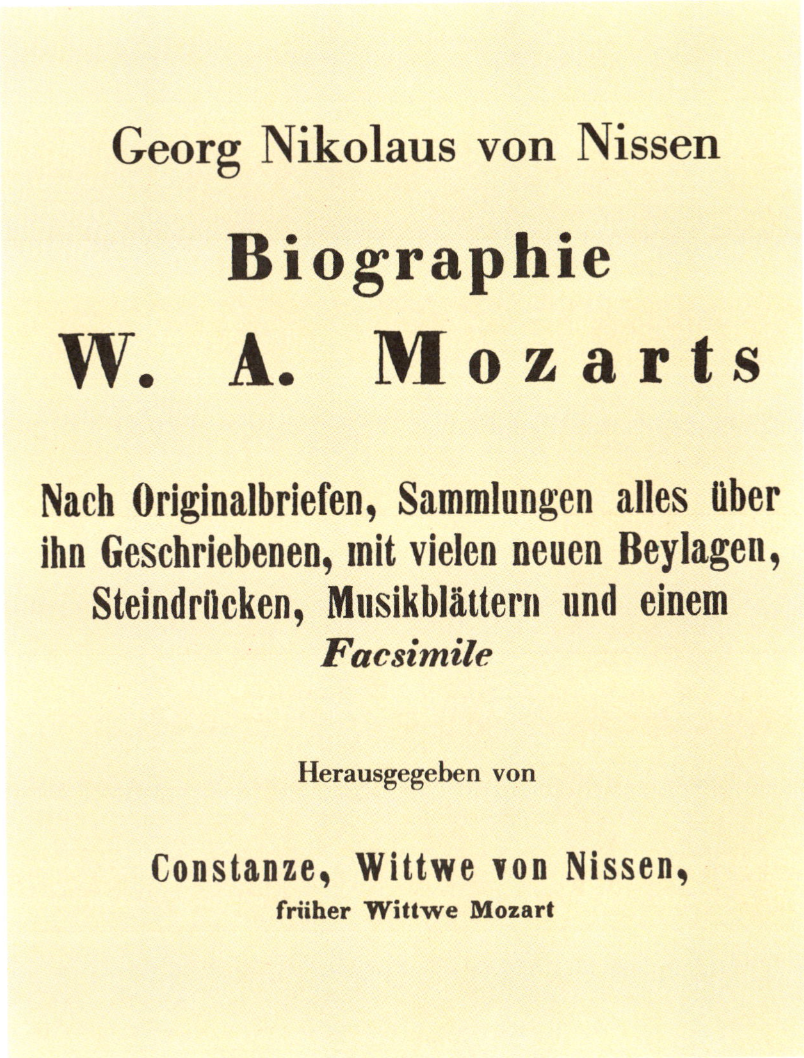

Georg Nikolaus von Nissen

Biographie

W. A. Mozarts

Nach Originalbriefen, Sammlungen alles über ihn Geschriebenen, mit vielen neuen Beylagen, Steindrücken, Musikblättern und einem *Facsimile*

Herausgegeben von

Constanze, Wittwe von Nissen,

früher Wittwe Mozart

Titelblatt der Mozart-Biographie von Georg Nikolaus Nissen.

. . . so gerieten seine Portraits, die wie alle früheren auch von den bekannten Mozartbildnissen ausgingen, in den folgenden Jahrzehnten immer süßlicher. Nur noch das typische Mozartattribut - der Mozartzopf - deutete erkennbar darauf hin, daß mit diesen idealisierten Darstellungen Mozart gemeint war.

selbst Erlebtes mit nur Gehörtem zusammengeflossen sein, so daß Dichtung und Wahrheit nur noch schwer auseinanderzuhalten sind. Kronzeugin war Constanze, die in ihrem Zusammenleben mit Mozart bestimmt viel durchgemacht hatte, was sie auch dezent in einigen Nebensätzen einfließen ließ - inzwischen war Mozart aber ein von der Nachwelt verherrlichtes Genie, warum sollte sie jetzt noch sein Andenken beschmutzen und Schattenseiten seines Charakters zu sehr an die Oberfläche spülen.

Es wurde ein von Widersprüchen gereinigtes Image von Mozart aufgebaut, das das Mozart-Bild des ganzen 19. Jahrhunderts formte. Das Klischee des verkannten Künstlers erlebte seine Blütezeit, seine teilweise etwas infantil wirkenden Charakterzüge wurden als Sonderlichkeiten eines Genies glorifiziert und der ganze Mensch in einer Weise idealisiert, daß von dem wahren Mozart kaum etwas übrig geblieben sein dürfte. Die umfangreiche Anekdotenliteratur verfuhr nicht anders.

MOZART
KARL SCHÖNSWETTER

„Wir aber, die wir dieses Fest begehn,
In starrem Erz nachbildend jenen Mann,
Der weich war wie die Hände einer Mutter,
Laßt uns in gleich verwechselndem Verwirren
Nicht auch des Mannes Sinn und Geist entgehn.
Nennt ihr ihn groß? Er war es durch die Gränze.
Was er getan und was er sich versagt,
Wiegt gleich schwer in der Schale seines Ruhms.
Weil nie er mehr gewollt, als Menschen sollen,
Tönt auch ein Muß aus allem, was er schuf,
Und lieber schien er kleiner, als er war,
Als sich zu Ungetümen anzuschwellen.
Das Reich der Kunst ist eine zweite Welt,
Doch wesenhaft und wirklich wie die erste,
Und alles Wirkliche gehorcht dem Maß.

Dies seid gedenk, und mahne dieser Tag
Die Zeit, die Größres will und Kleinres nur vermag."

Aus der - nichtgehaltenen - Ansprache Franz Grillparzers zur Einweihung des Mozart-Denkmals in Salzburg am 4. September 1842.

Titelblatt des ersten Heftes der von Breitkopf & Härtel herausgegebenen Gesamtausgabe, Leipzig 1798.

Eintragung von Victor von Scheffel in das Mozartalbum des Mozarteums in Salzburg 1878.

»Kindlich naiv, in zartkräftiger Harmonie der Töne der Offenbarung des Göttlichen auf unserem Planeten näher gekommen als viele hochgefeierte Weltweise, hat Unser Wolfgang Amadeus seine Zeitgenossen nur erfreut und gerührt, nie verdrossen und nie gelangweilt. Heil jedem Künstler, der also die irdische Wallfahrt zu Gott vollendet!«

Das 20. Jahrhundert tat sich zunächst schwer, sich von diesen Vorstellungen zu lösen, und erst die wissenschaftliche Herausgabe der Mozart-Briefe und die Aufarbeitung vieler Dokumente machten eine gründliche Überprüfung dieses Mozartbildes möglich. Nur allzu leicht verfielen etliche Biographen nun ins krasse Gegenteil und verunstalteten Mozart zu einem verhaltensgestörten Narren, was wohl auch kaum der Wahrheitsfindung dienen dürfte.

Kaum ein anderes Musikerleben ist so gut dokumentiert wie das von Mozart, nur wenig Quellenmaterial dürfte soviel hin- und hergewendet worden sein wie das über Mozart, und kaum ein Mensch dürfte sich so dem Zugriff seiner Biographen entziehen wie Mozart. Was bleibt, ist ein Mensch voller Widersprüche, mit liebenswerten, aber auch mit unangenehmen Charakterzügen, dessen Seele sich trotz aller Forscherbemühungen der Nachwelt nicht auf dem Papier, sondern nur in seiner Musik erschließt, die unverändert einer Zauberflöte gleicht.

Die Zauberflöte wird dich schützen,
Im größten Unglück unterstützen.
Hiermit kannst Du allmächtig handeln,
Der Menschen Leidenschaft verwandeln.
Der Traurige wird freudig sein,
Den Hagestolz nimmt Liebe ein.
O so eine Flöte ist mehr als Gold und Kronen wert,
Denn durch sie wird Menschenglück und Zufriedenheit vermehrt.

Lesetips für Mozartfans

Über 12000 Bücher und Aufsätze beschäftigen sich mit Mozarts Leben und seinem Werk, die alle ihre biographischen Informationen weitgehend den gleichen Quellen entnommen haben: erhaltenen Briefen, Erinnerungen von Zeitgenossen und der Mozart-Biographie von Georg Nikolaus Nissen aus dem Jahre 1828. Im Rahmen der von der Internationalen Stiftung Mozarteum Salzburg seit 1951 herausgegebenen *Neuen Mozart-Gesamtausgabe (NMA)* erschienen vier Textbände mit *Briefen und Aufzeichnungen der Familie Mozart, gesammelt und erläutert von A. Bauer und Otto Erich Deutsch, Kassel 1962/ 63,* ergänzt durch *zwei Kommentarbände, Kassel 1971,* und einen *Registerband, Kassel 1975* .
Auch von Otto Erich Deutsch bearbeitet erschien 1961 der Band *Mozart - Die Dokumente seines Lebens,* in dem eine Fülle von zeitgenössischen Berichten - von der Zeitungsnotiz angefangen über Tagebuchaufzeichnungen bis zur Memoirenliteratur - zugänglich gemacht werden.

Die in diesem Buch zitierten Texte wurden zum größten Teil aus der NMA entnommen, zwecks besserer Lesbarkeit aber in heutiger Orthographie und Zeichensetzung wiedergeben, ebenso wurde bei den zitierten Passagen aus Nissens Biographie vorgegangen.

Wer es nun doch nicht so gründlich wissen will, aber trotzdem etwas mehr über Wolfgang Amadeus Mozart und seine Zeit erfahren möchte, dem seien folgende Bücher empfohlen, die mir persönlich nicht nur wegen ihres Informationsgehaltes, sondern auch ihrer Lesbarkeit wegen gefallen haben.

Einen umfassenden Überblick über das Leben Mozarts von der Wiege bis zur Bahre durch all die Jahre gibt *Matthias Remus: Mozart, Stuttgart 1991.*
Speziell mit Mozarts Wiener Jahren befassen sich *Volker Braunbehrens: Mozart in Wien, München 1986* (auch als Taschenbuch erschienen) sowie *H.C. Robbins Landon: Mozart - Die Wiener Jahre 1781 - 1791, München 1990,* die sich beide nicht nur mit den biographischen Fakten Mozarts beschäftigen, sondern auch Einblicke in das damalige politische, gesellschaftliche und kulturelle Leben in Wien geben.
Über die Intrigen am Burgtheater und seine Zusammenarbeit mit Mozart informiert bestens *Lorenzo Da Ponte: Aus meinem Leben, übersetzt und herausgegeben von Charlotte Birnbaum, Tübingen 1969.* Auch wenn sich Mozarts und Da Pontes Lebenswege nur eine Zeitlang kreuzten, so sind die Memoiren dieses Abenteurers und Lebemannes schon allein wegen ihrer Fabulierlust ein Lesegenuß, vermitteln darüber hinaus aber auch einen Eindruck von dem kosmopolitischen Lebensstil des 18. Jahrhunderts. Die von Charlotte Birnbaum herausgegebene Übersetzung, die auch für diese Darstellung benutzt wurde, ist vergriffen, aber eine Neuausgabe der Memoiren gibt es als Taschenbuch.
Über Mozarts letztes Lebensjahr berichtet ausführlich *H.C. Landon: 1791 - Mozarts letztes Jahr, Düsseldorf 1988.* Zur Rezeptionsgeschichte Mozarts als Mensch und als Musiker von seinem Tode an bis heute erschien 1985 das grundlegende Werk von *Gernot Gruber: Mozart und die Nachwelt, Salzburg / Wien 1985* (auch als Taschenbuch erhältlich).
Eine bunte Mischung von Aufsätzen unterschiedlichster Qualität bietet *herausgegeben von Peter Csobadi: Wolfgang Amadeus - Summa summarum, Wien 1990,* das sich in rund 70 Beiträgen bemüht, das Phänomen Mozart - Leben, Werk und Wirkung - zu erfassen.
Zuletzt sei auch auf das Theaterstück *Amadeus* von *Peter Shaffer* verwiesen, das - zwar biographisch nicht unbedingt korrekt - dennoch bei aller Unterhaltsamkeit zum Nachdenken anregt und der Mozartforschung wichtige neue Impulse vermittelt hat.

SIGNOR MOZART.

Aria
di Cherubino
con sordini
Violini
Viole
2 Clarinetti
2 Corni in Eb
2 Fagotti
Cherubino
Non so più cosa son cosa faccio
Bassi